闪亮的名字

陈辰

主编

上海人民出版社

序

上海广播电视台台长　高韵斐

党的十八大以来，习近平总书记多次对新闻舆论和文化文艺工作做出重要指示，强调文化文艺工作者要"坚持与时代同步伐、以人民为中心、以精品奉献人民、用明德引领风尚"。总书记的讲话，对我们如何在新时代办好主流媒体提出了新的要求，更是为我们如何坚持守正创新、加快转型升级指明了前进的方向。

在中央和上海市各级领导的关心和支持下，上海广播电视台旗下的东方卫视从 2019 年元旦起，领省级卫视之先，紧紧围绕"新时代新面貌"的核心理念，全面落实"守正创新再出发"的转型升级要求，推出全新版面，整体面貌焕然一新，获得各方肯定。东方卫视的版面上涌现出大量以"讲好中国故事"为主轴、有情感有温度有正能量的创新节目。

《这就是中国》着力讲好新时代中国发展的故事。张维为教授一改以往思想理论节目说教灌输的老套路，以通俗的语言表达、严密的逻辑论证、真实的数据事例、坦诚的思想碰撞、创新的表现手法，帮助观众理解中国道路，树立中国自信，吸引了很多年轻人的关注。

《闪亮的名字》着力讲好新中国成立以来英雄的故事。主创团队走访了十多个城市，累计飞行近 80 万公里，从无人区可可西里到四川大凉山深处，从青海金银滩到敦煌戈壁大漠，他们迈开了双脚，与英雄同行，感受英雄的"呼吸"。"主持人走访纪实＋演员影视化演绎"的跨形态表现形式，创新了英雄题材的创作模式，再现了英雄的高光时刻，弘扬了英雄情怀。

《我们在行动》着力讲好新时代中国脱贫攻坚的故事。节目组走入了全国 70 多个贫困村，在实地调研的基础上推出了 20 余款贫困县的优质产品，创造了总计 1 亿元以上的销售额，搭建起了一个庞大的"产业扶贫造血媒体工程"。节目因此荣获了"全国脱贫攻坚奖组织创新奖"，东方卫视作为唯一一家媒体机构获此殊荣。

《诗书画》着力讲好传承中华优秀传统文化的故事。作为一档文化赏析类节目，主创团队用现代化呈现方式及适应互联网时代的新语态，展现中国古典语言文字和传统书画的艺术之美。

为了能更好地提高这些优秀节目的传播力、引导力、影响力、公信力，充分发挥上海电视媒体和平面媒体融合传播的优势，共同打响"上海文化"品牌，东方卫视携手上海人民出版社，推出《这就是中国》《闪亮的名字》《我们在行动》和《诗书画》的同名书籍。《闪亮的名字》《我们在行动》《诗书画》三本书除了包含节目的所有文字脚本，还增加了主创人员的工作手记，相信观众朋友可以从中感受他们在节目摄制中的心路历程。其实，我们这些电视人也是借出版这些书籍的机会，重新审视我们的创作初心：节目创作的出发点是什么？是否还沿着内心的方向在前进？内心的坐标系是否足够清晰、足够精准、足够坚定？追问这些问题，我们才不会因为现实复杂而放弃梦想，不会因为理想遥远而放弃追求。

"今是生活，今是动力，今是行为，今是创作。"我相信，电视人会坚定"做新时代前行的记录者"的决心，关注时代之需，聚焦时代之变，把握时代之魂，引领时代之风，创作出更多无愧于伟大时代的优秀文化作品。

•目录•

高尚的灵魂　　　曹可凡　001

抵达内心的光束　　陈　辰　004

杰桑·索南达杰——改革先锋、环保卫士　006

郭永怀——"两弹一星"元勋　042

张欣——"神笔马良"、刑侦专家　072

钟扬——时代楷模、播种未来的植物学家　102

曹鹏——用音乐温暖城市的指挥家　132

王顺友——高原信使　162

常书鸿——"敦煌守护神"　190

"桑吉"轮救援四勇士　222

铭记这些"闪亮的名字"　高晓虹　254

纪录片《闪亮的名字》：英雄是民族最闪亮的坐标　林玉箫　仲呈祥　257

《闪亮的名字》：描绘新时代中国人精神图谱　吴　钧　260

后　记　264

高尚的灵魂

曹可凡

　　几乎是在毫无预兆情况下看到《闪亮的名字》。之前隐隐约约听陈辰说起过这个有关寻找英雄的节目。当时心想，要做好一个英雄的节目谈何容易，首先，要抽离诸多概念化的东西，将其还原成富有人情味的普通人，使之可亲可近可爱。光是这样的转化过程，就要求主创人员钻进人物内心，细致揣摩英雄心理世界，寻找出其行为的必然逻辑。试想，没有心怀大爱，没有丰富阅历，很难做到这一点。况且，听说英雄部分事迹需要由演员"情景再现"。纪实采访与"情景再现"如何做到"无缝衔接"，似乎也是横亘于创作者面前的"拦路虎"……总之，在我看来，这是一项"Mission Impossible"（不可能完成的任务）。

　　然而，看完《闪亮的名字》第一集"索南达杰"，所有的顾虑都烟消云散。片子主人公杰桑·索南达杰，一位可可西里守护神，因保护藏羚羊免遭歹徒杀害，毅然献出宝贵的生命。为了再现英雄高贵的灵魂，摄制组不畏艰险，驰骋于冰雪覆盖的青藏高原，追随英雄的足迹，寻访那个闪亮名字背后可歌可泣的故事。创作者并非以枯燥干巴的口号式语言一味拔高传主，相反，主要通过主人公生前使用过的物品，如铁饭盒、防风镜，以及手抄的字典等，凸显这位无畏英雄的书生意气。而索南达杰儿子的一段访谈更是让人看了揪心："我们现在非常避讳谈可可西里，谈藏羚羊，总觉得是它们夺走了我们所有的东西，是它们让我们家的天塌下来了。"叙述者语言平实，透着悲凉哀伤。除了索南达杰的亲人与战士回忆往事，创作者还让同为藏族同胞的演员蒲巴甲用表演再现索南达杰伟岸的身影。蒲巴甲将自己融化到人物当中，用精湛、朴素、富有激情的表演，刻画出那高贵的灵魂，使"寻访"与"重访"衔接自然，彼此融为一体。有时，在恍惚中，难以分清哪个是索南达杰，哪个是蒲巴甲。

后来，又陆续看了"郭永怀""张欣"和"常书鸿"等好几期节目。每一次观看，都仿佛受到一次灵魂的洗涤、心灵的震荡。《闪亮的名字》之所以成功，首先在于节目舍去所谓"宏大"叙事，专注于细节描述，如"张欣"那集，镜头从他那斑斑旧迹的公文包，印有"松江一中"红色字样的搪瓷碗，到血压计、药包等日常用品……每一件物品仿佛都是透着主人公体温的，犹如一位邻家大哥正在唠叨着什么……此时无声胜有声。凡此种种，均呈现出英雄的平凡之处，尤为动人。当然，更重要的是作为制作人与主持人，陈辰在总体基调把握上，尽可能做到克制，同时蜕去主持人的绚烂，让自己归于平淡，略施粉黛，或干脆素颜出镜，以平实的态度，平缓的语调，与被访者进行心与心的真诚沟通。哪怕内心波澜起伏，眼圈泛红，却仍努力平复心情，不至于出现情感溃堤，显示出极高的涵养与定力，这一切都与她平日里的文化积累与审美取向不无关联。观众们正是在她的引领下一步一步接近那些高尚的灵魂，深切理解英雄们的平凡与伟大。

一个时代、一个民族是由一连串闪亮的名字连缀而成的，一个又一个高尚的灵魂则是引领人们前行的航标。无论遇到何等样的困难与艰险，他们如同日月星辰，照耀世间万物。

2019 年 6 月 27 日

抵达内心的光束

陈辰

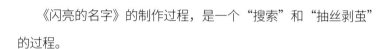

　　《闪亮的名字》的制作过程，是一个"搜索"和"抽丝剥茧"的过程。

　　策划初期，我们大量搜集各种和英雄相关的文字资料和影像参考：关于他的精神，他的品质，他的经历，从资料中找到线索，拼成寻访的线路图，沿着这条线路去找到可寻访的人。通过他们的阐述，我们的身心突破时间和空间的界限，第一次真实触碰到英雄的内心世界。慢慢地，一个完整而立体的英雄形象出现在眼前。

　　所以当得知要出书的时候，感觉像是把这条路往回倒了一遍。《闪亮的名字》中的主人公，都是新中国成立以后的新时代英雄。他们是通过主动选择，改变了很多人命运的勇敢者。当初我们选择要把英雄们的故事以视频的方式呈现给大家，是想以一种身临其境的体验，代入英雄的世界，让观众能够将英雄们的世界感受到极致，从而更直观地了解英雄们为什么做出这样的选择。

　　相对于电视而言，文字是更沉静而绵长，更贴近思想和灵魂的表达方式。在电视呈现之后，以白纸黑字的方式再一次让所有英雄的故事，带着纸墨的香气，抵达人们的内心深处，将这些难能可贵的精神，永久流传下去。这也是我们做《闪亮的名字》的初衷。

电视是一门遗憾的艺术，哪怕是在这本书完成编撰、装订成册之后，仍然会觉得有许多遗憾。因为和英雄们的人格相比起来，总觉得我们的文字和影像，还是不够力量去描述他们的伟大。

但只要我们坚持去探索，哪怕还原一点，他们留给世人的也就又多了一点。

2019 年 7 月

杰桑·索南达杰

——改革先锋、环保卫士

可可西里，一个神秘而又亲切，熟悉而又陌生的名字。

在蒙古语中"可可西里"是"青色的山梁"的意思；而藏族群众则把这片土地称为"阿钦公加"，意为"百座雪山"或是"千年雪山"。

它位于中国青海省玉树藏族自治州西部，平均海拔为4500米，植被稀少，气候寒冷，被称为人类生存的禁区，是中国境内面积最大的无人区，世界上原始生态环境保存较好的地区之一。1997年，国务院批准在可可西里建立国家级自然保护区，是中国面积最大、海拔最高、野生动物资源最为丰富的自然保护区之一。

你第一次听到"可可西里"这个名字，或许是在2000年彭辉导演的纪录片《平衡》里，或许是在2004年陆川导演的电影《可可西里》中，又或许是因为脍炙人口的美文《最后一只藏羚羊》《藏羚羊的跪拜》……

无论你从什么途径了解这片土地，必定绕不过藏羚羊——这种在青藏高原生存了百万余年，却又几乎在20年前绝迹的"旗舰"物种。从某种意义上看，可可西里和藏羚羊具备着同样的意义。

同样，无论你从哪里去了解藏羚羊，同样绕不过"杰桑·索南达杰"——这位凭借自己的智慧、勇气与爱，誓死捍卫可可西里的"藏羚羊守护者"。从某种意义上看，可可西里、藏羚羊和索南达杰具备着同样的意义。

　　从青海省省会西宁到索南达杰的故乡治多县，有着将近1000公里的路程。坐在飞驰的轿车上，"英雄探寻者"——节目主持人陈辰翻看着手中厚厚一沓索南达杰的资料，眼睛有些累了便向车窗外远眺。极目望去，是平坦绵延的高速公路、宽广无垠的大草原、巍峨连绵的白色雪山、荡涤心灵的蔚蓝天穹。这样的风景，就算是看一辈子也不会觉得腻吧。

　　经过了七八个小时的车程，前方的公路上出现了一道极具藏族特色的彩门。彩门被巧妙地设计成了城楼的样子，两边的梯形门柱的正面自下而上刷上了绿、黄、红三种不同的颜色，每种颜色的墙体上还"开"了两扇窗户，顶端还"造"了一个带尖顶的"阁楼"，活脱脱像是两栋三层小楼。"楼"顶上铺着青瓦，顶下支着红柱，柱上还盘着龙与凤。穿过这道门，仿佛是从现实世界进入童话王国一般。

　　"这是我们治多县的大门，叫迎宾门。很美吧？"从司机扎西的话语中听得出他身为治多人的自豪与骄傲。

　　这里，就是索南达杰出生和成长的地方，也是他奉献热血的地方。

　　"嘎玛（师父），你知道索南达杰吗？"陈辰问司机。

　　"我们这里的人都知道他，他是这里的英雄，也是我们的草原守护神。"司机答道。

　　杰桑·索南达杰是牧民的儿子，出生在草原上，生长在草原上，他对草原的情感如同对待母亲一般。

　　在故乡治多，他当过老师、校长，为藏族教育事业的发展日夜操劳，做出了显著的成绩。其后，他担任索加乡党委书记。索加乡距离治多县城有200多公里，是治多四个乡中海拔最高、气候最恶劣、交通最差的一个。在索加的这段时间里，索南达杰用双脚踏遍了索加乡的每一片土地，为改变索加贫困的面貌呕心沥血。

索南达杰的秘书曾对采访索南达杰事迹的记者说："索书记的全部行为，根源就在索加。""但到了索加，千万不能提你是来采访索书记事迹的，不然村民立刻就会哭得死去活来，你什么也问不到。"

可见，索南达杰的形象在索加乡村民的心中烙印得有多深。

1985 年 10 月，一场罕见的暴风雪突然降临在青藏高原腹地，气温骤然降至零下 40 多度，交通、通信全部中断。在治多县，受灾面积高达 62%，而其中灾情最严重的就是索加乡，全乡 26 万头牲畜灾后仅剩 5 万头。

杰桑·索南达杰

县教育局副局长索南达杰随救灾工作组费尽周折来到索加。他背着煤油炉，在海拔 4700 米的雪原长途跋涉几十里，挨家挨户地寻找受困灾民。发现牧民的所在后，他又带着几个年轻力壮的汉子，背着几袋牛粪往山上爬去。当时谁都不明白他想干什么。在藏区，牛粪被看作取暖的燃料，尤其在暴雪封山的情况下，这几袋牛粪有多么金贵，那是不言而喻的。

爬到半山腰的时候，索南达杰用手在一块平整的雪地上画出了一个大大的"S-O-S"，他指挥汉子们把牛粪码在字母上面。没多久，兰州部队的救援飞机发现了这个巨大的呼救标识，投下了粮食、燃料、棉被和大衣。那一年，索加没有人冻死，没有人饿死。

然而，索南达杰却并没有沉醉于牧民们的感激之中。相反，一个巨大的阴影压在了他的心头——改革开放七八年带给牧民的好年景，仅仅一场暴风雪就被毁于一旦，光靠养牛养羊真能让老百姓脱贫致富吗？一个靠畜牧业为生的民族，它的生命力实在太脆弱了。

在那之后，他想尽一切办法为索加寻找致富创收的新途径。寻找矿产，开发水资源，发展畜产品加工，向县、州、省、国家民委、国务院申请经费修桥修路……1991 年，索南达杰调任治多县委副书记。那一年，索加乡牧民人均年收入达到 700 元，人均牲畜 19 头只匹，群众真正走上了脱贫致富的道路。

穿过"迎宾门"，再往前便是县城。第一站，司机带陈辰来到了治多县的地标——"英雄广场"。

英雄广场建于 2014 年，是治多县委、县政府为纪念英雄索南达杰牺牲 20 周年而建。广场上矗立着一座高高的雕塑。那是索南达杰，脚下还有他用生命保护着的小藏羚羊。雕塑中的索南达杰头戴棉帽、身着制服、脖子上挂着望远镜，面朝西方昂首挺立，用深邃的目光注视着前方。那个方向正是他为之付出生命的可可西里。

现在，英雄广场已经成为了藏族自治州的爱国主义教育基地。即便在索南达杰牺牲 25 年之后，这个光辉的名字以及它所蕴含的崇高精神，依然守护着这片广袤的土地，守护着这里的每一个人。

1991 年，杰桑·索南达杰出任治多县委副书记。延承着在索加乡的改革思路，他致力于改变治多县单纯依靠畜牧业发展经济的单一模式。

在索加乡任职期间，索南达杰与地质大队有着密切的交往，地质队前往索加科考，他总是热情接待，提供方便，寄希望于通过地质队的勘探找到矿藏，找到当地的致富之路。

有一次，地质队员问索南达杰："既然你知道光靠养羊搞不成现代化，那你为什么不去可可西里？那里有黄金，有野驴、野牦牛、藏羚羊，这都是国家的保护动物。可可西里从来就是属于治多的，治多人为什么不去保护它，利用它？"

一席话惊醒梦中人。过去，除了偶发的草场之争，治多人从来没想过远在青藏线以西、5万平方公里的可可西里是属于自己的，更没有想过这片无人之地能给自己带来什么。而事实上，早在1985年，在可可西里发现金矿的消息就已经引来了大批外来的淘金者。只是当地老百姓却依然只想驰骋于三江平原之上，对淘金赚钱似乎并没有什么兴趣。

于是，上任治多县委副书记伊始，索南达杰就连续向藏族自治州打报告，要求成立治多县西部工作委员会，并毛遂自荐，要求负责可可西里等西部地区的开发工作。终于在1992年7月，玉树藏族自治州政府批准成立治多西部工委，索南达杰任工委书记。

西部工委成立的初始目的是为了在可可西里寻找矿藏，实现索南达杰开矿致富的梦想。因此，在工委组建伊始，索南达杰就积极招兵买马，凭借自己的个人魅力招募人员，频繁进出可可西里勘探调研。那时，索南达杰手中总拿着大叠大叠的地质勘探资料，还有一本《工业矿产手册》。

然而，当索南达杰真正走进可可西里之后，他便彻底否定了先前的想法。

在当时的可可西里，淘金者开来的小型拖拉机将土地碾压得坑坑洼洼。地上随处可见用于淘金的管子、筛金网、铁锹、掘镐。漫山遍野的车辙、到处丢弃的汽油桶、陷入泥泞的车辆，原始落后的开采方式极大破坏了可可西里的原始生态，更造成了资源的巨大浪费。

更有甚者，一些有钱有势的淘金者与地痞、恶棍勾结，带着枪支弹药"占山为王"，当起了"金霸头"。新来的淘金者想要分一杯羹，必须支付高额的

索南达杰（蒲巴甲饰）见到满地藏羚羊骸骨

"保护费"，否则就要拳打脚踢、刀枪相向。有时，这些黑恶势力彼此之间还会为了争抢地盘大打出手引发恶性事件……

　　而比起淘金乱象，对野生动物的屠杀更为可怕。最高峰时，在可可西里驻扎着超过9万淘金者。人一多，粮食自然就不够了，淘金者们就把目光放在了无辜的野生动物身上。他们不会顾及猎杀的是不是保护动物、濒危动物，一切只是他们餐食中的一块鲜肉。尤其是当淘金者发现，一些珍稀动物如藏羚羊的皮毛比黄金更加值钱时，他们纷纷加入了偷盗猎者的行列。

　　当看到可可西里支离破碎的面孔后，索南达杰彻底愤怒、绝望了。理智告诉他，可可西里根本不适合开矿，保护这里的环境，将一个干净、完整的可可西里交给子孙后代，才是西部工委最应该做的事情。

离开治多县城，经由曲麻莱公路，再沿青藏公路继续往高处行进，越往高处，越能感受到青藏高原的神圣与澄澈，就仿佛是来到了另一个世界。的确，在很多人看来，这片"地球最后的净土"具有净化人类的心灵的神奇功效。

大约又经过了七个多小时的车程，司机带着栏目组来到了可可西里自然保护区里的索南达杰保护站。保护站位于可可西里的东面，依清水河边而建，扼守着保护区的"东大门"，这也是可可西里保护区内建立的第一个保护站。

海拔 4479 米的高度令陈辰有些呼吸局促。然而，当刻有"索南达杰自然保护站"的巨大石碑矗立在面前时，一股敬畏之心油然而生。就在索南达杰牺牲后两年，这所以他名字命名的自然保护站在众多环保志愿者的努力下建成了。

目前，索南达杰自然保护站的主要任务是救治迷路、走失的藏羚羊。

保护站站长龙舟才加介绍说，每年在藏羚羊迁徙、产崽的过程中，总会有一些刚出生不久的小藏羚羊脱离大部队，成为孤儿。有些是因为不小心和母羊走散了，更多的是母羊被狼吃了，留下无法独立生存的小羊。每天救助站的志愿者们都要巡视，一旦发现这样的小羊崽，便把他们带回保护站，精心喂养长大。

为了尽可能给小羊一个自然的生长环境，保护站用铁丝网隔出了一块面积很大的草原供它们自由活动。只有在"饭点"时间，志愿者才会走进那个区域，给小羊崽喂食。在站长的陪同下，陈辰也亲身体验了一把"喂羊"的感受。

当看见拿着奶瓶的工作人员，小羊崽蜂拥而上。尽管陈辰穿着不同颜

陈辰和索南达杰自然保护站队员一起工作

陈辰在索南达杰自然保护站队员指导下喂养藏羚羊

色的服装，小羊崽却并没有对这个陌生人产生丝毫的惧怕。它们用力地吮吸着陈辰手中的奶瓶，还用明亮的眼睛直勾勾地看着面前这个给自己喂奶的"母亲"。

小藏羚羊的眼睛是如此的透彻、如此的明亮，犹如阳光下的宝石，又似黑夜中的星辰。在渐渐同小羊"熟络"后，陈辰尝试着摸了摸它柔软的绒毛，小羊不躲不逃，十分温顺。

对这些小羊而言，救助站就像是一个温暖的"家"。在这里，它们能得到比自然界更多的安全感。天性胆小的他们，对人类没有丝毫的惧怕。只是，终有一天，小羊会长大，需要重新回归藏羚羊的族群中去生存。到那时，他们或许会遭遇无法想象的危险，其中的部分，或许正来自人类。

可以理解，当大型食肉动物遇到藏羚羊时，会为了自己的生存而向它们露出尖锐的牙齿。但是，难以想象，当人类被如此清澈的双眼注视时，又是什么样残酷的灵魂，让他们扣动扳机，猎杀这些可爱的生灵……

"把养大的羊放归自然的时候，会不会心里难受？会不会舍不得？"陈辰问站长龙舟才加。

"有点不想放。但是，终归它还是属于大自然的。"龙舟才加回答。

藏羚羊是我国稀有的动物，藏北高原的"旗舰"物种。他们生性胆小，成群生活在海拔 4600—6000 米的荒漠、草原之中。藏羚羊有着成群迁徙的习惯。每年五六月间，母羚羊会千里迢迢地前往可可西里。那里地质平坦、水系丰沛、植被充足，是藏羚羊、野牦牛、藏野驴、藏原羚等珍稀野生动物共同的乐园。

然而，从 20 世纪 80 年代开始，"沙图什"贸易成为了改变藏羚羊命运的罪恶黑手。藏羚羊的羊绒非常纤细，是克什米尔山羊绒的四分之三。用藏羚羊绒做成的披肩细腻、轻巧、弹性好、保暖性强，成了印度及欧洲富翁们富裕华贵的象征。正因为此，藏羚羊绒被人们称为"皇帝的羊绒"——"沙图什"

(shahtoosh)，藏羚羊绒在黑市上的收购价格水涨船高。

为了牟取不法收益，盗猎者疯狂涌向可可西里这片"生命禁区"，荒原上空不断地响起射杀藏羚羊的枪声，到处都是藏羚羊被扒去皮毛后的尸骸，可可西里从野生动物的天堂变成了地狱。根据野生动物学家乔治·夏勒博士估算，在20世纪初，有超过100万头野生藏羚羊生活在藏北高原，但到了1995年，藏羚羊的数量锐减到了2万头，种族濒临灭绝。

在作家王宗仁的散文《藏羚羊的跪拜》中，老猎人因为猎杀了一头怀孕的藏羚羊而后悔不已，自此封枪。但可可西里的真实情况却远远没有那么浪漫。猎杀藏羚羊的盗猎者们非但不会因为母羊怀孕而罢手，相反把怀孕的母羊当作是猎杀的最佳目标。

每年5月至7月，是藏羚羊生产期，也是捕杀藏羚羊的高峰期。盗猎者在母羊产仔往返的必经之路上围追堵截。到了夜晚羊群休憩时，猛地将车灯打开照着羊群。因为天性，被灯光照射的藏羚羊会因为受到惊吓而呆立在原地。这时，盗猎者便大开杀戒，开枪射杀毫无反抗之力的羊群。他们将母羊当场杀死、扒皮，而那些尚在母体或者刚刚出生的小羊则会被丢弃在原地活活饿死。

正是在目睹了一场屠杀藏羚羊的惨剧之后，索南达杰彻底放弃了在可可西里开发矿藏的打算，转而投身到保护藏羚羊的事业中去。没过多久，他就在可可西里成立了"野生动物保护办公室""高山草场保护办公室"，还借助西部工委的力量组织了一支反偷猎藏羚羊的抓捕队伍。

龙舟才加告诉陈辰，在一代又一代藏羚羊保护者的努力下，现在在可可西里基本已经没有盗猎藏羚羊的情况出现了。索南达杰保护站已不再需要像当年的索南达杰那样，与盗猎者生死相搏。但即便如此，在可可西里巡视检查，依然是他们重要的工作。

喂好了藏羚羊崽，龙舟才加与陈辰一同上车，沿着当年索南达杰前进的道路，深入可可西里腹地，检查有无可疑车辆出入的痕迹，同时观察、统计藏羚羊的生存情况。果真，车开出没多久，巡逻车就在公路附近看到了一支小规模的藏羚羊群。

透过镜头，能够清晰地看到在路边吃草休憩的藏羚羊。为作登记，陈辰特意数了数这群藏羚羊的数量——26只。虽然只是一个很小的羊群，但是在公路边几十米的地方就能看到悠闲自得的藏羚羊群，这一出乎意料的收获让陈辰真切地看到了多年来可可西里在保护生态环境方面所付出的努力。

完成羊群统计，车队继续往前。渐渐，车头前方已看不到正规道路，导航仪上也已是一片空白。然而对保护站的巡逻队而言，在这些看不见道路的道路上巡视，不过是工作中最寻常的一部分。

很快，到了吃饭的时间。龙舟才加从车上拿出一个"煤气炉"，邀请陈辰"共进午餐"。所谓的"煤气炉"只不过是一个野外用的喷火枪，和一个生锈了的铁架子。巡逻队员们把随身带着的馍放在铁架子上，用喷火枪对着它稍稍烘烤一下，待稍有些温度了，就和着冷藏的牛肉一起吃。

牛肉实在有点凉，馍又硬又干，烤得也不怎么均匀。这一顿午餐或许能让陈辰终生难忘。而对于保护站的巡逻队员来讲，这只不过是日常中再普通不过的一次工作、一顿餐饭。

因为工作的关系，巡逻队员长期吃不到热食，多数人都得了胃病。同时，长时间驾车穿行在颠簸的道路上，对他们的颈椎也造成了不小的影响。不仅如此，每次巡山，冰原、雪地、泥潭都会给队员们带来意想不到的危险。然而，没有人因为这些而抱怨、退出，因为他们很清楚，与25年前的索南达杰相比，他们的工作环境已经足够优越了。

西部工委成立伊始，招募人手是摆在索南达杰面前的第一个课题。"其实县委可以点名要人，但那里太苦了，我要拉人走，他和家里人会怪我，所以希望大家自愿。"索南达杰深知可可西里的艰苦，善良的他并没有利用县委副书记的身份勉强任何一个人。但仍旧有许多热爱这片土地的有为青年都愿意跟着他一起干。

在这其中，有一个叫哈希·扎西多杰的年轻人，既是索南达杰的同乡，又曾是他的学生，也在当地中学做过老师，出身与索南达杰颇为相似。经过层层选拔，这个喜欢称自己"扎多"的小伙子成了西部工委聘用的第一个"志愿兵"，索南达杰最信赖的部下。在之后的一年半时间里，索南达杰 12 次进出可可西里，行程 6 万多公里，历时 354 天，扎多一直陪伴在他的身边。

起初，西部工委没有任何的物资设备，第一次进入可可西里，竟然是徒步往返。后来，上级调拨了一辆老旧的北京吉普车，这让西部工委具备了进入可可西里纵深地带的客观条件。然而，县里没有哪个司机愿意接这苦差事，索南达杰只好自己兼任了司机。

索南达杰有非常严重的肠胃炎，那是在索加乡工作时落下的病根。而在可可西里腹地，别说吃饭了，就连喝一口热水都是相当大的麻烦。每当老毛病又犯了的时候，索南达杰只能靠酵母片和止痛片坚持。肠胃炎发作时只能吃流质食物，可在可可西里根本不具备这样的条件。索南达杰干脆"绝食"，虽然熬过了那一阵的病痛，却又给身体造成了更重的负担。

离开可可西里，陈辰与栏目组再次来到治多县城，索南达杰儿子的家。

索南达杰牺牲的时候，他的大儿子索南仁青 14 岁，小儿子索南旦正才 9 岁。现在，索南仁青是治多县森林公安局的政委；索南旦正是治多县治渠乡人民武装部的部长。两人共同继承了父亲的梦想与志愿。

在家中，所有与索南达杰相关的物品，都被整齐地摆放在一个大号木箱里。索南仁青拿出了一张自己与父亲的照片——那也是索南达杰留下的

索南达杰手抄的字典

唯一一张和索南仁青的合照。索南旦正没有与父亲的合影，全家人最大的遗憾，就是没能拍上一张全家福。

箱子里，索南达杰生前用过的铁饭盒、防风镜，牺牲后获得的奖状、证书，都整整齐齐地摆放着。而其中引起陈辰最大兴趣的，是那几本厚厚的本子和"书"。本子是索南达杰早前从事翻译工作时做的笔记，"书"是一本手抄的字典，足有五六百页。字典虽然没有漂亮的硬质封面，却装订精良、排版整齐、字体工整，几乎可以媲美出版社出版的成品书籍。不用惊讶，为什么这个拿着枪在草原上战斗的英雄竟有着如此书卷气的一面。如果没有这份学识与文化、智慧与底蕴，又如何能在那个时代就认识到藏羚羊之于可可西里的价值，可可西里之于世界的意义，又如何能走在世人之先，身体力行地践行生态环境保护的使命？

在孩子的印象中，父亲索南达杰是一个高大、威猛的汉子，是整个家庭的靠山。不仅如此，父亲所从事的事业，父亲所持有的理念，又让孩子们感到是如此超前。20多年前，即便在整个中国，具备环保意识的人也为数不多。尤其在这样一个只有3万人口的偏远县城，能有这般意识并矢志不渝地践行环保事业，更是不可思议。20多年前的孩子或许不了解父亲所从事的工作的意义，等到长大了，真正懂事了，再回头看，才明白父亲当初的理念是多么先进、多么睿智，父亲当初的那一份坚持，又是多么孤单、多么寂寞。

采访过程中，全程接待栏目组的，只有索南达杰的两个儿子。每次接受采访，儿子总会和记者约在母亲不在家的时候。因为对她来说，每一次对丈夫的回忆都是残酷的打击。直至今天，全家都不能接受索南达杰离开的事实，都认为总有一天，那个支撑起整个家庭的好丈夫、好父亲还会回来。

"我们现在非常避讳谈可可西里、谈藏羚羊，总觉得是它们夺走了我们所有的东西，是它们让我们家的天塌下来了。"在采访的最后，索南仁青这样说道。

1974年，索南达杰从青海民族学院毕业。那个年代的大学生无论在哪个单位都是"香馍馍"，特别是他这种熟练掌握汉语与藏语的高学历人才。北京来学校要人，希望他到隶属国家民委的中国民族语言翻译局工作，他拒绝了；省里来学校要人，希望他去省民族出版社，他又拒绝了；在他的心里，只有回治多一个选择。

他的老师不能理解，问他为什么不为自己的前途考虑。他却说："我们这个民族，祖祖辈辈只有到了我们这一代才有人识字了，有文化了。国家培养我们这么多年，如果我们还只是忙着给自己盖房子买摩托，那与我的爷爷有什么不同？"

于是，在毕业后，怀着对故乡的爱，他毅然决然地回到了生养自己的治多草原，成为了县民族中学的一名教师。从那时起，治多的土地上便布满了索南达杰的足迹。他会骑着马去最偏远的地方，想尽方法提升当地的就学率和升学率。

从乡村教师到教育局副局长，再到治多县委副书记、西部工委书记，索南达杰在不同岗位践行着同样的使命——为治多县长久的繁荣与富强尽心尽责。1988 年，他在自己的工作笔记中这样写道："保护和利用好自然资源，我们有着不可推卸的责任。"也就是从那个时候开始，索南达杰坚定了自己保护可可西里的使命。

索南仁青向陈辰展示父亲最后的电报

1994 年 1 月 5 日，索南达杰在最后一次进入可可西里之前，曾给家中发了一个电报。那也是他与家人最后一次通信。上面写着："元月九日，离格（尔木）赴可（可西里）。"之前，每次进可可西里前他都会把准确的出发日期和归家日期用电报告知家人。唯独这次，未写归期。或许那时的他就已经意识到，此行前途未卜。

在可可西里，陈辰采访的最后一人，是索南达杰昔日的战友，也是索南达杰牺牲前最后一个离开他的队员——靳炎祖。25 年过去，这位老人已经年过花甲，这一次是他时隔 17 年重回可可西里。如果不是栏目组的到来，或许他再也不会回到这片曾经与索南达杰并肩战斗过的土地了。

靳炎祖和索南达杰是多年的好友，西部工委成立的时候，索南达杰亲自来到靳炎祖家中，请他到可可西里与自己一起工作。就这样，靳炎祖成为了索南达杰的部下，西部工委的一分子。直到现在，他还是习惯称呼索南达杰为"索书记"。在索南达杰牺牲后，靳炎祖依然工作在保护可可西里的第一线，直到 2001 年西部工委撤并后提前退休。

"这地方不仅仅是索书记的故乡，也是我的第二故乡。"在治多，留下了靳炎祖一生中最跌宕起伏的经历。而只要提到可可西里，他就会立刻想到索南达杰，在他心中，"这两个名字其实是一样的"。

车辆一路疾驰，开进了可可西里的腹地，也就是索南达杰最后一次抓捕盗猎者的地方。重回故地的靳炎祖心潮起伏，一幕幕往事又浮现在了他的眼前。他与陈辰并肩坐在索南达杰牺牲的那片草原上，详细地讲述着他与索南达杰最后一次进入可可西里的事迹。

1994 年 1 月 7 日晚上 11 点 45 分，索南达杰一行从格尔木出发，准备进入可可西里腹地巡逻。当时的队伍中共有七个人——索南达杰、靳炎祖、扎

靳炎祖向陈辰讲述索南达杰遇害的情形

多、向导韩伟林，另外还有一个临时工，以及雇用的东风大卡车的司机和车主的儿子。此行的目的有三：打击盗猎；考察矿产资源；明确地界。在出发前，索南达杰向治多县公安局借了两把五四式手枪，两把七九式冲锋枪、一把七七式手枪，这是队伍携带的仅有的武器。

当天深夜，队伍来到海拔 4500 米的海丁诺尔湖，抓捕了一伙还在熟睡的盗猎者，缴获步枪两支、子弹 3000 发、柴油一桶。因为其中有人受了伤，如果把他们扣押到队伍离开可可西里，估计伤者性命难保。好心的索南达杰让他们自行离开。

8 日晚上，队伍抓住了一伙毒杀动物取皮的偷猎者，缴获 60 多张沙狐皮；9 日查扣了两辆装有大量汽油、子弹的汽车；12 日查扣了 2 把枪、200 多张沙狐皮、20 多张狐狸皮；13 日处理了一伙"占山为王"的村民……到了 15 日，队伍就已经走到了新疆地界。

这时，靳炎祖主张返程回格尔木，在 20 日有一个"黄金工作会议"，索南达杰是正式代表。索南达杰有些不甘，因为地上车轮印很多，而队伍此行还没有抓到一个盗猎藏羚羊的团伙。但最后他还是听从了靳炎祖的意见，准备返程。

然而，正在准备拆帐篷撤离的时候，盗猎者的车出现了，索南达杰与他的队员们立刻开展行动。一番围追堵截之后，8 名盗猎者全部落网，车上查出藏羚羊皮 600 多张。初战告捷！

正当大家沉浸在胜利的喜悦中时，第二伙盗猎者又"自投罗网"。那是两辆北京吉普车，车里的盗猎分子乖乖束手就擒。紧跟着又是一辆东风大卡车，面对索南达杰他们的抓捕，司机想溜，巡逻队立即开枪示警。向导韩伟林拿着一把冲锋枪，"突突突"一梭子子弹出去。从没学过射击的他打破了卡车的油箱、水箱、玻璃窗，其中有一颗子弹打中了开车的盗猎者的腿。

就这样，连续三波抓捕，队伍总共抓获了 20 名盗猎者、缴获 10000 多发子弹，1800 多张藏羚羊皮，以及 4 辆吉普车、2 辆东风大卡车。然而，7 人队伍如何看守 20 名偷盗分子成了大问题。偏在这时，被打伤的司机大喊大叫，另一名司机也因为肺气肿病得不轻。于是，索南达杰决定先派扎多和临时工护送两名伤病号去格尔木的医院治疗。

临行前，索南达杰将自己携带的一把七七式手枪交给了扎多，又详细地教他该怎么开枪，并仔细地告诉扎多在草原上如何分辨方向，避免迷路。"如果真迷路，他们就是不打死你，你也出不来。"

过了不多时，索南达杰似乎又想起了些什么，再次把扎多拉到一边说："回到治多，千万别说司机是被小韩打伤的，他是老百姓，我们拉来当向导的，如果这些人报复他，他就没法混了。我们是政府的，没事。"

在反复的叮嘱下，扎多和临时工带着两个伤病员离开了队伍。除去两名雇来的司机，看押盗猎者的西部工委人员只有 3 人。后来，索南达杰担心可可西里夜间寒冷的气温冻坏盗猎者的手，又吩咐队员解开了他们的手铐。3 名队员看守 18 名行动自由的盗猎者，返程的形势十分严峻。

返程的路途比来时艰难了许多，一路上车辆又是爆胎，又是陷入泥坑，每天白天车队只能前行 30 公里，晚上又必须不眠不休地看守盗猎者。索南达杰深知，这样耗下去，他和他的队员们的境遇将会变得极其危险。

在路上，索南达杰曾与靳炎祖、韩伟林开过一个会。会上索南达杰说："如果我死了，队伍由靳负责；靳死了，小韩你看着办。"3 个对 18 个，大家都知道状况有多么严重。而此时的索南达杰已经整整三天没有睡觉了。

18 日，索南达杰驾驶的东风卡车再次爆胎。无奈他只好停下车就地补胎。他让靳炎祖追上前面押解盗猎者的车队，命令他们就地烧水做饭，准备宿营，同时把雇来的大卡车调回去给自己的车胎打气。就这样，索南达杰与靳炎祖、韩伟林也分成了两路，看守盗猎者的部队只剩下了两人。

找到宿营地后，靳炎祖让盗猎者赶紧烧水做饭绑车篷。有人不情愿地把车篷绑了，可迟迟不见有人下车烧水。又累又饿的靳炎祖觉着奇怪，便带上手枪，走近盗猎者所在的卡车看个究竟。这才发现，由于盗猎者的车上有暖气，他们都在车里烧水呢。

看见索南达杰的命令都得到了执行，靳炎祖松了一口气。这时，盗猎者非常热情地对他说："局长，上来暖暖身子吧！"——从被捕之时起，盗猎份子就管靳炎祖叫"局长"，管索南达杰叫"县长"。放松警惕的靳炎祖就这样上了盗猎者的车，一边取暖，一边与他们攀谈起来。盗猎者问他，回到县里政府会怎么处理他们，靳炎祖回答说："只要你们配合，走出可可西里一定从轻发落。"一路上索南达杰都是这么对他说的。

然而，盗猎者却没因为索南达杰的宽容表态而有丝毫悔改之心。事实上，早在 3 天前，他们就已经在策划逃脱之事。17 日他们计划把索南达杰驾驶的吉普车的机油帽拧掉，然后趁乱逃跑，没想到晚上索南达杰把车灯打开，照着盗猎者的帐篷守了两个通宵，他们的计划没能得逞。而这回，终于到了逃脱的最佳时机了。

水烧开了，一个盗猎者热情地给靳炎祖递上了热水："局长，喝口水暖暖！"松懈下来的靳炎祖正想去接，身后的盗猎者一把把他抓住，然后一群人围过来将他放倒在地，接着就是一阵猛踢猛踩，没过多久便被打到休克。

然后，盗猎者又同样以送水送食物为由，将向导韩伟林打晕了过去。接着便把两人绑住，扔进西部工委的吉普车里。靳炎祖的头上被套上了一个狐皮帽，什么都看不见；韩伟林虽然被堵住了嘴巴，却仍能看到盗猎者的行动。

只见盗猎者从车上拿出十几枝枪，装上子弹，人手一枪；接着又排兵布阵，把车辆面向索南达杰来的方向排成了一个弧形，熄灭车灯，等着索南达杰进入陷阱。

晚上，索南达杰开着修补完轮胎的卡车，与雇用的卡车司机一起回到了宿营地。在距离营地大约 50 米的位置，索南达杰的车渐渐慢了下来——他似乎已经警觉到发生了什么。顿时，盗猎者们慌了起来。他们举起了枪，对准索南达杰的卡车，但没人敢走上前去。

车上的索南达杰喃喃自语："可能出事了，太大意了。"然后他掏出身边那把破旧的五四式手枪——在遣派扎多护送伤病号去医院时，他把那把崭新的七七式手枪交给了扎多防身——下车向盗猎者走去。

一个盗猎者假装无事地向他走来，装作要打招呼的样子，却突然一个熊抱将索南达杰抱起。索南达杰一下子就将他摔在地上，抬手一枪，将那人当场击毙。

盗猎者们再也等不及了，他们打开所有车辆的车灯，灯光齐刷刷地照在索南达杰的身上；紧接着，枪声四响，一排排子弹顺着光向他射来——过去，盗猎者就是用这种方法射杀藏羚羊；此时，丧心病狂的盗猎者企图将索南达杰也当作藏羚羊一般地射杀!

有着丰富战斗经验的索南达杰一边撤退,一边开枪射向车辆的大灯——在灯光的照射下,索南达杰没有丝毫生的机会,唯有将车灯打破,四周回归黑暗,才有生存的希望。然而就在这时,一颗子弹击中了索南达杰的大腿动脉。

中枪后的索南达杰立刻向卡车后方撤退,惊慌的盗猎者们也不再开枪,双方回到了对峙的状态。中枪后的索南达杰最关心的是同伴的安危,他大声向盗猎者喊道:"你们把我的两个兄弟怎么了?"有个嚣张的家伙答道:"你再也见不到他们了!"索南达杰误以为靳炎祖和韩伟林死了,他愤怒地用尽自己最后的力气叫喊着:"你们这帮王八蛋,杀了我兄弟!你们这帮王八蛋……"

随着喊声越来越弱,英雄索南达杰终于用尽了他最后的力

靳炎祖向索南达杰敬酒

气。所幸，趁着盗猎者们混乱之际，靳炎祖和韩伟林挣脱绳索，驾驶着西部工委的吉普车逃了出来。眼见灭口失败，盗猎者们四散逃亡。

几天后，搜寻小组救出了困在可可西里的靳炎祖和韩伟林，也找到了索南达杰的遗体。此时的索南达杰，已在零下 40 度的可可西里化作了一座冰雕，右手持枪，左手拉枪栓，怒目圆睁，单膝半跪，依然保持着射击的姿势……

随着谈话的继续，靳炎祖眼神中的伤感愈发浓郁。他从大衣口袋里掏出了一瓶酒。他对陈辰说："年轻的时候，索书记常常喜欢和我一起喝酒，今天我也带了些，你也陪我、陪索书记喝一些吧。"

作为晚辈的陈辰要帮他倒酒，他没让。他谨慎地打开瓶盖，掏出三个酒杯，小心翼翼地倒满。然后拿起其中一杯，用极其恭敬的姿态，均匀地将酒洒在了可可西里的土地上。"按照藏族的习惯，敬索书记三杯。"再倒一杯、再洒一杯，再倒一杯、再洒一杯。每一个动作，都像是在履行一种极其神圣的仪式。他仿佛能够看见，索南达杰依然在天上，注视着他，注视着可可西里这片美丽的土地。

"当时政府对他的评价——环保卫士、党的优秀干部、藏族人民的好儿子，他的一生，确确实实，一点都不过分。他如果现在还活着的话，他能看到这里，现在的可可西里就是我们当时期盼的政策。重视环保，改变家乡的面目。当时索书记想的也是这个。我们盼望的时代就是这个时代。现在他在天堂，我相信他也会很高兴的。我们当时所期盼的时代现在已经到来了。"说完这些话，靳炎祖将杯中的酒，一饮而尽。

1994 年 2 月 10 日，那或许是治多人民最为沉痛的一个农历春节。人们将索南达杰的遗体从可可西里运回治多县城。

12 日，治多县城所有的人向索南达杰的遗体告别。

而后，他的骨灰被撒在了可可西里的太阳湖畔和昆仑山口，那是他战斗过的地方，他牺牲的地方，也是他永远守护的地方。

索南达杰之死，惊动了整个中国。中共青海省委授予他"党的优秀领导干部"称号，国家有关部委授予他"环保卫士"称号。比称号更重要的是，更多的年轻人开始追随他的脚步，走上环保之路，可可西里也成为全中国关注的焦点，得到了前所未有的保护。

1995 年，索南达杰的妹夫扎巴多杰不顾所有亲朋好友的反对，辞去了玉树州人大法制工作委员会副主任的职务，来到治多县重新组建西部工委。为了不让昔日的悲剧重演，他抽调了 13 名国家干部，又从 110 名志愿报名的年轻人中选拔了 40 名职工，组建了一支 58 人的"保卫部队"，这便是日后在可可西里令所有盗猎者闻风丧胆的"野牦牛队"。

在"野牦牛队"成立仪式上，58 名队员在索南达杰的遗像前庄严宣誓："我们从内心深处怀念和理解杰桑·索南达杰。我们清醒地认识到我们在肩负人类的重托，保护藏羚羊。我们也认识到，保护它将会有流血牺牲。我们认定今天的艰苦奋斗，必将换来明天的光辉灿烂！"

在可可西里的最后一站，陈辰来到了位于可可西里昆仑山口青藏公路旁的"索南达杰烈士纪念碑"。

这座纪念碑最早建于 1997 年，当时是由追随索南达杰的环保志愿者们自发筹款建成的。由于受到土层变化、地震等影响，碑身曾出现轻微的倾斜和下沉。2013 年，治多县政府和可可西里管理局共同出资，重建纪念碑。

纪念碑的正中，画着索南达杰的大幅肖像，平静安宁的眼神遥望远方，仿佛为可可西里今日的新貌感到欣慰。纪念碑左右分别写有"音容常在""功盖昆仑"，这样的评价于他而言毫不为过。

治多县回民中学的学生来了，他们齐声唱起了校歌《英雄杰桑·索南达杰》；保护站的巡山队员来了，他们在纪念碑前点燃了一支烟；途经的自行车骑手来了，他们将一条又一条哈达铺在纪念碑上；远处，青藏线上的卡车司机鸣响汽笛，挂上象征吉祥的风马旗。

"人民英雄永垂不朽。"离开可可西里前，这句话久久萦绕在陈辰的脑际。

1995 年，青海省政府将可可西里列为省级自然保护区。

1997 年，国务院批准该区为国家级自然保护区。

1999 年，中国、法国、印度、意大利、尼泊尔、英国等 7 国共同发布《关于藏羚羊保护及贸易控制的西宁宣言》。

2006 年，青藏铁路全线通车。在途经可可西里等自然保护区的路段，专门开辟了 33 处野生动物通道。

2015 年，中央全面深化改革领导小组审议通过三江源国家公园体制试点方案。

2016 年，世界自然保护联盟的《受威胁物种红色名录》将藏羚羊从"濒危"（Endangered）改为"近危"（Near Threatened），下调两个等级。

2017 年，第 41 届世界遗产大会将可可西里列入《世界遗产名录》，成为中国第 51 处世界遗产。

2018 年，中共中央、国务院授予杰桑·索南达杰"改革先锋"称号，赞誉他是可可西里和三江源生态环境保护先驱。

一切的一切，都是从索南达杰开始的。

真正的英雄，敢于面对风雨和子弹，更在平凡小处充满仁爱。杰桑·索南达杰，他全心全意为人民服务，他像保护眼睛一样保护生态环境。他在寒冷危险的生命禁区，竟然还挂念着别人的生命。他是藏羚羊的守护人，生态保护的先行者。

　　25 年过去，这个草原的儿子，已经和美丽的山川河流化为一体，护佑天地之间的万物生灵。这个闪亮的名字，向后人传递着一个中国英雄的大爱仁心。

当集编剧：肖姝等

编辑：王嘉钰

走进闪亮的名字

制片人手记。

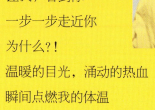

让我，看到你
一步一步走近你
为什么?!
温暖的目光，涌动的热血
瞬间点燃我的体温

初心

大部分时候，我们总是惯于去关注离我们遥远而宏大的事件，或者追逐热点，而忽略了最朴素的，人的故事。

有一天，我们导演组一个姑娘，1994年生人，在朋友圈发了一则关于"天眼"设计师南仁东的新闻，附言："这才是真正的偶像"。我打开仔细读完，潸然泪下。

南仁东是一群默默奉献者中的一个。

究竟是怎样一个单纯且执着的初心，让他们一生为事业奋斗直到最后一刻？他们的一生中有多少时刻会思考个人的命运？有多少人知道自己会在什么时刻站在命运的路口？

我不禁害怕时间对他们的不公。他们的身影和故事可能随着时间的前行，渐渐会变得越来越模糊甚至慢慢消失在人们的记忆里。

对于默默奉献的英雄们，他们的故事不该被时间湮没。属于他们的记忆和真相，需要有人去再次打开，重新解读。无论什么时候，他们留给我们的都不应该只是一行行文字、一幅幅照片，而应该是一个个更加鲜活的形象和高尚的灵魂。

当这个项目正式启动的时候，我想到了很多名字和面孔，尤其想到了那个 90 后姑娘崇拜的眼神。"共鸣"。人性的光辉，理应跨越代际，穿越时空，照见永恒。英雄，理应让年轻人愿意靠近他，成为他。而我们这些平凡的身心该用怎样的姿态去讲他们的故事？我们诚惶诚恐，我们唯有用敬畏去擦亮这些闪亮的名字。

节目模式出了一版，推翻了，再来。这是所有新节目研发的常态。当最后决定用"平行世界"的方式来讲故事——寻访＋重现——这个模式的时候，所有人都觉得这是一场冒险。研发部同事找了很多国内外的节目，没有现成的模式可以参考，

蒲巴甲为演出脱水状态抠破嘴皮

而且时间太紧张了，我们从建组到开机，不到三周的时间。我们内心忐忑不安。直到蒲巴甲开机说出了第一句台词，大家的心才放下了一半。每一期给编剧只有两周的时间筹备，但却要做出影视剧效果。说真的，团队真的太给力了。是他们的优秀执行让这个新模式得以成立。这真是节目的运气。还有蒲巴甲、吴刚、郭涛、于震等实力演员的加盟。我们是公益节目，他们每一个人都格外投入。带着深深的敬意，他们用寥寥几笔把英雄刻画得入木三分。

2018 年 12 月 31 号，总书记的元旦讲话中特别提到了几个闪亮的名字，提到南仁东的时候，我们导演组那位姑娘欣喜若狂，热泪盈眶。那是一个偶像的迷妹常有的样子。这些默默的名字，终于站在了聚光灯下，而我们，作为媒体人，更加重了一份使命，去描摹好他们最真实可爱的样子。

路难行，行则毕至

这可能是迄今为止最艰难的项目了。

杰桑·索南达杰，可可西里的环保先行者，1994 年在与藏羚羊盗猎者的搏斗中牺牲。追随着他的脚步，摄制组来到了可可西里。治多县海拔 4200 米，尤其是冬天，含氧量只有上海的 40%。在我上去之前，我们的导演组已经在那里驻守了一周，有人发烧了；有人吐了三天，在第四天，终于能站起来，正式投入工作了。

拍摄第一天，就遇到了困难。

可可西里前几天大雪封路，探路的导演组被困在索南达杰保护站附近的不冻泉，在零下 40 度气温下没有通电的木板房里坐了一宿，差点冻成冰棍。所有的设备，在极寒天气中，无法工作。摄像机一开机电池电量就速降到 0，航拍机变成了废铁。大部队几十号人在飞行了几千公里后，徘徊在可可西里的大门口：是去，还是不去？

导演组在零下 40 度木板房度过一晚

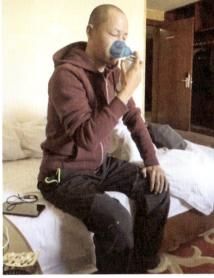

摄制组人员在工作间歇吸氧

摄像师检修冻坏的设备

全组商讨拍摄方案

"上去，还是要上去。"最先表态的是摄像组，接着是编剧组、导演组，最后保障后勤的制片组研究出了个最"稳妥"的方案，凌晨 4 点从治多县出发，预估 8 个小时车程到达索南达杰保护站。如果遇到下雪，也有机会找到个有屋檐过夜的地方。

夜色里，一个长长的车队出发了。

也许是得到了英雄加持，可可西里那天的天气格外好。艳阳高照，白天气温达到了零下 15 度，难得地"温暖"。

于是，有了正片里藏羚羊奔跑的镜头，有了和战士巡山的机会。片中的呈现不过是短短的片段，但是背后一波三折。

最辛苦的是摄像兄弟们。在高原上扛着机器拍摄非常耗体能，为了镜头稳，还得憋气。我和嘉宾这里聊着天，忽然身边

摄制组吸氧缓解高原反应不适

陈辰在索南达杰自然保护站照顾藏羚羊

摄像师趴在雪地上拍摄

陈辰和索南达杰自然保护站工作人员在寒风中吃午饭

一阵默默的骚动，一个摄像晕倒了，摄像指导一步上前接住机器接着拍。倒下的摄像吸两口氧，又若无其事继续工作。

为了拍摄一个冰面行走的镜头，摄像直接趴在雪地上。5分钟后站起来，胸前的衣服冻硬了。

然而，我们觉得前所未有的艰苦，在索南达杰自然保护站的巡山队员眼里，就是平静日常。和他们在寒风中吃午餐，火烤馕就着熟食糌肉。馕太干了，咽下去都是费劲的体力活儿。肉一口咬下去带着冰碴子。山里没有路，皮卡飞驰，颠起来，脑袋好像鼓槌一样带着节奏撞车顶，脖子差点断了。

他们一巡山，就是20多天，没有信号。因为这样失联的常态，索站的队员都没有女朋友，但谁都舍不得下去。因为，爱这份工作。爱一次又一次被大自然考验、折磨，又被大自然包容、宠爱的感觉。迎难而上，逆风而行。看到他们我们备受鼓舞，因为我们也一直感受着这种艰难又骄傲的东西：因为热爱而坚持。

感动和感悟

一位导演说，每做一期节目，就感觉内心受到一次洗礼。而我，则每分每秒处在焦虑之中，面对一个个振聋发聩的真实故事，我们怎么做都觉得还差一点。能力不够，时间不够，我们只能紧靠着敬畏与真诚。

场景重现的拍摄中，扮演索南达杰的蒲巴甲为了真实还原索南达杰在高原风餐露宿的状态，抓起地上的土就往脸上抹；为了让高原缺水的近景更加真实，他抠破自己的嘴皮……用心演绎最终换来让人惊艳的呈现效果。

这只是整个节目拍摄过程中的一个小瞬间，但每个人都在为之努力，还原那群我所知道的最有魅力的人。

当我翻看索南达杰手抄的字典、他隽秀的笔迹，看到他炫酷的护目镜，走到他亲手打的井边，抚摸他种下的治多县唯——棵树的时候，我忽然觉得，这

陈辰致敬索南达杰

个男人有那么有趣的灵魂。如果我是一个藏族姑娘，当年遇上他，我也许会想嫁给他。他善良而深邃的目光，开阔而炙热的胸膛，是多么美好的爱情的模样。可惜在现实里，他没能成为好丈夫和好父亲，不是他不爱妻儿，而是他心里装着更大的爱和更广阔的家。铮铮男儿，扛起的是护佑万物生灵的责任。39岁最好的年纪，他离开了。如果他没有仁慈地让自己的队员护送受伤的盗猎者先走出无人区，他也许会活着回来，看着孩子长大成人，娶妻生子。不是舍得下，是爱得太深沉。这个男人，用生命兑现了爱的承诺，诠释了"慈悲"的含义。在人类和自然的对抗，人性的善与恶的对抗被推到最极致的可可西里，他的行为是如此高贵，值得全人类为之骄傲。

在走访每一位英雄的相关人物的时候，我们总是被浓烈的情绪包裹，那是最真挚的爱与敬仰。哪怕当年在索南达杰对面的那18个盗猎者之一——马生华，也颤抖地说出了"他是英雄"。这也在不断地刺激着我的价值观。他们的字典里，没有"功成名就"；他们热爱生命，却不吝献出己命；他们拥有超群的能力，却无视物质的回报。但是，他们是那么富有，他们拥有人们最发自内心的爱和尊重。

活着最难的事是重复，日复一日重复而又无私地活着，是难上加难的冒险，而坚持可以改变世界。坚持和改变，更多的来源于内心的力量。那些改变世界的人，原来只是忠于自己的内心，把相信的事情坚持做到了极致。

追随英雄的脚步，站在英雄诞生的时空里，感觉内心是如此干净，不是因为离天更近，而是因为充满崇敬。

一位前辈老大哥在看完节目之后，给我发了观后感。他说，节目难得地好。朴素、节制，没有刻意煽情，却真实、感人。这句话说进了我的心坎，听了热泪盈眶。我发自内心觉得，我们所能做的只是小心擦拭，拂去浮灰蒙尘，而这些闪亮的灵魂，是人类精神在自我觉醒的漫长岁月里，结晶成的最闪耀的钻石，光芒既出，无需矫饰，照亮万丈山河。

郭永怀

—— "两弹一星" 元勋

1968 年 12 月 5 日凌晨，一架飞机在北京机场徐徐降落。在离地 400 多米时，飞机突然失去了平衡，坠毁在距跑道 1 公里以外的玉米地里。搜救人员迅速赶往救援，却在失事现场，发现了两具特殊的遗体。他们紧紧拥抱在一起，难以分离。瞬间的死亡使得尸体僵直而坚硬，而那决绝的姿态，更像是在守护着什么重要的东西。

许多年轻的战士都被这画面吓住了，站在原地不敢动弹。而当人们终于鼓起勇气，费尽力气掰开这两具烧焦的遗体时，时间仿佛定格在了这一刻。在遗体胸前，安安静静地躺着一个有些老旧的皮质公文包。包在大火中几乎完好，而包里，是一份毫发无伤的绝密资料。消息随即传到国务院，周恩来总理听闻此消息失声痛哭，良久不语。

22 天后，中国第一颗热核导弹试验获得成功。同日，中央授予一位勇敢的科学家烈士称号，而他，就是用生命护住珍贵资料的"两弹一星"功勋奖章获得者——郭永怀。

是怎样的一份事业，会让一个人生死以赴；是怎样的一种信念，会让人舍身忘己，赤心报国；又是怎样的情感和故事，会在时光流转半个世纪后，仍被铭记和震撼。"英雄探寻者"——节目主持人陈辰和中国科技大学校友、音乐剧《爱在天际》的导演郁百杨教授，将去探寻郭永怀生前最后的工作地——中国第一个核武器研制秘密基地二二一厂。

西宁，气温大约在零下 7 ℃，下了飞机从机场出发到海

位于金银滩的原子弹总装厂旧址

晏县金银滩，还有 100 多公里的路程。

"已经有高速了。当年的路可不是这样的。"车里，郁百杨如是说。他是郭永怀先生的妻子李佩最信任的后辈好友，微电影《郭永怀》的导演，对青海金银滩的情况非常熟悉。

"当年的路最早是烂泥路，然后再换成碎石路，而且郭先生还有高原反应。"恶劣的环境、瘦弱的身体，从郁百杨的话中，我们仿佛可以看到，一个瘦高身影蜷在车里。旅途颠簸，车一晃一晃，他便时不时伸手扶一下眼镜。虽然身体的反应一阵阵涌来，可眼镜下的那一双眼睛，依然清澈坚定。

对于已 50 岁的郭永怀来说，旅途辛苦，可国家的强

郁百杨向陈辰讲述郭永怀在二二一厂的经历

大更重要百倍。

历时两个多小时，车终于停在了青海海晏县金银滩。站在草原上极目远望，周围是茫茫的白雪，草色枯黄的草原上，散落着几处房屋。这，便是二二一厂，我国前16次核武器试验的产品，都在这里加工、装配和起运。

时光倒退到20世纪50年代，地处青海湖北岸的金银滩草原上，近千平方公里的草原戈壁突然被封闭起来。由于这里四面环山中间平地，宜于建厂，又地广人稀，便于疏散，更为了保密的需要，国务院批准在这里创建了我国第一个核武器研制基地。

1963年起，中国一批著名科学家都陆续消失在学术界，他们放下了手中的基础研究来到青海金银滩，开始了为新中国核武研制隐姓埋名的历史。此后数十年间，来自全国各地的大批科研人员陆续抵达这里，组成了一个几乎完全与外界隔绝的"神秘家园"。而刚从美国回国不久的郭永怀，也来到了这里，开始他长达数年的核武器结构设计工作。

在金银滩爆轰试验场，陈辰被斑驳的特制钢板隔离墙吸引，上前用手抚摸。这个墙上布满的小槽，都是做爆轰试验时核弹冲击波留下的痕迹，历经岁月后，有了一种特别的质感。当年的郭永怀，就是在这堵墙壁后密切地注视着每一项试验爆炸。甚至最初步的炸药，也是郭先生和同事们在没有图纸和资料的情况下，亲自用锅子搅拌的。

隔离墙上留下的爆轰试验痕迹

恍惚间，我们仿佛可以看到一位男子全神贯注地鼓捣调配着眼前的东西。然后和蹲守在一旁的士兵一起观察。"轰"的一声爆炸过后，他又赶紧读取仪表墙上的数据，嘴里念念有词："这是第 256 次，这次火药调试比例最精确。"

陈辰很疑惑，为何这项看似简单又危险的工作需要郭永怀这位大科学家亲自操作，郁百杨简单道出了缘由。原来，郭先生亲自进行这项危险的工作，只为了能充分了解各项药剂的配方，以便于进行进一步的试验。所谓"蚂蚁啃骨头"，在当初那个简陋的环境下，所有经验都需要亲手去一点点积累。

走进厂房，见到了郭先生生前经常工作的地方。透过一个个方框，可以望见宽阔平坦的土地和巍峨的雪山——一如郭先生 50 多年前看到的那样。

火药调配车间的外观和别的厂房似乎有所不同，不仅外面完全被土和草覆盖，厂房内部也是完全封闭，仿佛一个秘密通道。厂房内工作的同志们，办公室被一间一间隔开，每个小间不能互相交流。

他们每天吃着土豆和白菜汤，穿梭于尘土之间。作为核心角色的郭先生也没有例外。郁百杨告诉我们，郭先生的妻子李佩也曾为他准备茶叶，而结果是被原封不动地带回——水烧不开，更没有时间泡茶。就是在这样的环境下，郭先生和无数科研人员一道，为新中国的核武器研制贡献着自己的一分力量。

1958 年，针对美国的核讹诈，我国的核武器计划在苏联的帮助下开启。但是随着中苏关系破裂，苏联也单方面撕毁协议。1960 年，苏联撤走了所有专家，并拒绝提供原子弹模型及设计资料。

郭永怀正是当时临危受命，由聂荣臻将军委托钱三强带他来面谈，委以研发核武器的重任。当被告知这项工作有着严格的保密规定，所有的朋友、同事甚至是妻儿老小都不能告知时，当了解到自己从此要告别基础力学研究工作时，郭永怀先生只说了一句话："君以国士待我，我必以国士报之"。他在保密协议上签下了自己的名字。

由此，郭永怀和实验物理学家王淦昌、理论物理学家彭桓武一起，组成了中国核武器研究最初的三大支柱。

走出厂房，陈辰和郁百扬推开了原子弹装配车间的大铁门。车间已经是空空如也，在风沙的侵蚀下，显得残破不堪，无限萧条。然而墙壁上，"团结紧张，严肃活泼"的大字依旧鲜红如初。一进门，便能看到墙上贴着的保密规定。严格的保密措施使得这儿不再有生活，只有秘密。陈辰感慨："在这样的戈壁滩上，在这样的环境中工作，日复一日年复一年，如果不是内心有强大信仰的话，人是会崩溃的。"是啊，难以想象，当初在这儿工作着的科研工作者是抱着怎样坚定的信念，才能一待数年，无怨无悔。

看着车间，我们仿佛置身于那个时代，目睹一颗原子弹从组装到送出，直至等待最后一声响的过程。

离开车间再向前走，出现在眼前的，就是被称作"上星站"的核武器吊

陈辰与郁百扬走进二二一厂旧址

运专用火车站台。1964 年 10 月 16 日下午 3 时，中国第一颗原子弹成功爆破，举国欢庆。而这个车站，则是第一颗原子弹组装完毕后，运送往新疆罗布泊成功爆破的地方。

当年的那列凝聚着二二一基地全体工作人员心血的火车，还停留在原地。而原子弹送出的那一天，那个中国历史上重要而辉煌的一天里，这里没有鲜花、没有掌声。装卸工人、押送的卫兵、车上的所有人，都不知道他们在参与着怎样伟大神圣的一刻。

郁百杨说，这颗原子弹，代号 596，正是苏联撕毁合同的那个月份。这简单的三个数字，代表着中国科学家的不服气，是中国人面对苏联的毁约、西方的制裁时，义无反顾报效祖国的见证。

正如郭永怀回国时说的那句话——母亲不强大、母亲被人嘲笑，是儿子无能。

郭永怀，出生于山东省荣成县一个农民家庭。1931 年考入南开大学物理系，1935 年从北京大学物理系毕业。从北大毕业后不久，他来到美国加州理工学院学习，获得博士学位后留校任研究员。赴美期间，郭永怀和钱学森一起，攻克声障瓶颈，解决了飞机超音速飞行的问题。这是继莱特兄弟之后人类航空史上的第二座里程碑，郭永怀由此跻身顶尖科学家之列。

1949 年，他又探索开创了一种解决跨音速气体动力问题的计算简便、实用性强的数学方法——奇异摄动理论，在许多学科中得到了广泛的应用，由此驰名世界。

郭永怀的学识和声誉为他在美国赢得了地位，也让他开始参与一些重要项目。因为工作可能涉及国家机密，美国政府曾要求郭永怀填一张表格，其中一项是，是否愿意在战争中为美国作战服兵役，而郭永怀毫不犹豫地填了"不"。这个"不"使他失去了涉密的资格，但在郭永怀心里，这个"不"让他保留了作为一个中国人的自尊。

当时的美国政府对新成立的中华人民共和国是敌视的、防备的，为了阻止中国科学家回国，美国下达了禁止外籍科学家出境的禁令。

1953 年 8 月，中美继签订朝鲜停战协定后在日内瓦举行大使级会谈。经过中国政府的努力，终于，美国政府被迫把禁止外籍科学家出境的禁令取消，但以"维护国家安全"为由设置种种障碍。

一边是优越的科研和生活条件，一边是祖国的需要。在面对抉择时，郭永怀毅然决然拒绝了美国同事请他参加的研究项目。他始终在等待机会回到自己的国家。而现在，正是时候了。

郭永怀（于震饰）收到钱学森来信

当时已任中国力学研究所所长的钱学森致信郭永怀，盼他回国。"每次都说归期在即，听了令人高兴，我们现在为力学忙。已经把你的大名向科学院管理处'挂了号'，自然是到力学所来，快来，快来。这里才是真正科学工作者的乐园"。

1956 年，当时已经是美国康奈尔大学航空院的三大支柱之一的郭永怀不惜放弃美国的优厚条件，毅然决定回到祖国。

据李佩回忆，郭永怀在一次送别的野餐会结束后，当众烧毁了自己在美国的所有研究手稿。李佩当时还不太清楚郭永怀为什么要烧，"我觉得这不是将来还有用嘛"。

每一个手写的数据和公式都代表了无数个不眠之夜，它们是郭永怀十多年的研究，等待着被发表，等待着得到公认，但是数年的心血和努力却在瞬间成了灰烬，什么都没有留下。

可郭永怀却说：嗨，烧掉了好，烧掉了好，反正东西都在我脑子里头呢，什么时候我要用还可以再写出来。

1956 年国庆节的前一天，郭永怀动身回国。李佩回忆，当时他们正等着开船的时候，咣当咣当上来几个穿美国联邦调查局制服的人，点名到另一位科学家张文裕那个舱开始搜查。一个箱子接一个箱子地翻了个遍。那时她才理解到，郭永怀当时之所以烧掉那些东西，是为回国做准备。因为在美国凡是发表过的东西，比如在期刊上印成文字的，就不算失密。而他们研究的这些成果如果当时带走，很可能在路上就会遇上问题。

在阔别中国 16 年后，郭永怀在深圳罗湖口岸再次踏上中国的土地。当看见那几个把守着罗湖口岸的穿着灰布制服的解放军战士时，郭永怀一行瞬间就觉得，好像到家了似的。

他又一次收到钱学森的来信："永怀兄，失迎了！我们一年来是生活在最愉快的生活之中，每一天都被美好的前景所鼓舞，我想你们也必定会有一样的体验，今天是足踏祖国土地的第一天，也就是快乐生活的第一天，忘去那黑暗的美国吧！……老兄必定要填写志愿书，请您只写力学所，我们拼命欢迎，请您不要使我们失望……"。不久，郭永怀出任中国力学研究所常务副所长。

正如郭永怀 1957 年在《光明日报》发表的文章《我为什么回到祖国》中所言，"作为一个中国人，有责任回到祖国，建设我们美丽的山河"。

陈辰特地来到中国科学院力学研究所，找到了郭永怀先生回国后带的第一届研究生——陈允明教授和戴世强教授。三人汇合，一起来到 304 办公室。陈老师在门口介绍说："这是郭先生的办公室，也是我们第一次见他的地方"。

"他对我们要求很严"。

"第一点就是，我们以及你们要成为我们国家力学事业的铺路石子。郭先生自己以身作则，他的确是把全部精力都投身到我们国家的科学事业，特别是力学事业。"陈老师如是说。

回国之后，郭永怀把精力放在国防科研上，先后担任了中国科学院数学物理化学部学部委员、力学研究所副所长、中国科学技术大学化学物理系主任、国防科委空气动力学专业组成员和空气动力学研究院筹备组副组长等职。

但是，由于刚刚成立的新中国仍然受到战争的威胁，包括核武器的威胁，1960 年郭永怀在钱学森的推荐下，被任命为第二机械工业部第九研究所（后发展为九院）副所长。当时的首要任务是在一无图纸、二无资料的情况下，迅速掌握原子弹的构造原理，开展原子弹的理论探索和研制工作。郭永怀也是唯一一个横跨了核弹、导弹、人造卫星三个领域的力学专家。

"确实，我们等于一个'二传手'，他教我们严谨的治学精神，以及怎

郭永怀和学生在一起

么关心学生甚至他的生活。"戴老师说道。

　　两人还说起郭先生曾给他们带来糕点票，猜测是师母李佩授意。郭先生和李佩十分恩爱，郭永怀曾为妻子拍下了数张照片。在李佩的记忆里，郭永怀喜欢摄影，不过不大拍人物，净拍些风景。他对音乐也很感兴趣。听到一个唱片马上就说出来这是哪一个音乐家的，这个作品的特色是什么。

　　而在学生眼里，"郭先生并不是一个只会做功课的枯燥乏味的科学家，他喜欢摄影，而且他的摄影对象经常是李佩先生，所以他也是一个充满人情味的科学家"。

郭永怀和妻子李佩的感情很好，在一次郭永怀关于航天的

郭永怀和李佩合照

学术报告会上，两人得以相识。他们有着北京大学和西南联大的共同过往，又都喜欢古典音乐，很自然地收获了爱情。1948年，两人喜结连理。李佩出身江苏世家，是位优雅知性的女性，一口标准的伦敦腔英文，衣着不说很贵，却很得体整洁。她是社会学硕士，本由中国科学院安排到外文局工作，但她为了郭先生，最终决定把精力集中在相夫教子。

在郭先生工作期间，李佩发现他一反常态，在家的时间越来越少，有时候一走几个月都不回家。天不亮，就坐着楼下一辆车头上有"银鹿"标志的汽车离开小院，而每次回来都是披星戴月。关于工作，郭永怀没有提，也不说明具体去向，两人起了争执，李佩一怒之下撕坏了回国前的全家福，事后，却又

边东子带陈辰重回郭永怀故居

后悔粘了起来。

　　为了大家，舍下小家。已经是耄耋老者的两位教授在回忆起当年的老师时，仍然充满敬意。即便在郭先生离去后的很多年里，每到大年三十，这几位师兄弟还会带着各自的家人赶到师母李佩先生那里守岁。

　　据说，当年郭先生和一群从海外回国的大科学家，例如钱学森、钱三强和陈家镛等，都住在一个叫做中关村特楼的地方。这些如雷贯耳的海外归来的大科学家均齐聚于此，生活场景会是怎样的？令人好奇。

　　带着这样的疑问，陈辰联系上了郭先生的邻居，作家边东子，他曾撰写出版了《风干的记忆——中关村特楼的故事》。

　　两人在一栋略显陈旧的小楼前见了面。13、14、15号楼，这三座宿舍楼在高楼林立的北京中关村显得十分陈旧、矮小，但在20世纪的50年代，这里的建筑代表了当时中国最高的水平。边东子指着二楼窗户说："那就是郭永怀和李佩先生住的地方"。

　　"郭叔叔上下班，从我窗户前走过。他走路特别有特点，他个子很高，老低着头，戴着鸭舌帽，夹着个皮包，每个步幅啊，都一样的，就好像总是在度量我从这个地方到那个地方，有多远。"

　　"秋天能看到飘落的树叶掉在他的肩上，但是他不理不睬，还是低着头在那走，"边东子回忆道。在他看来"因为他要考虑的事情太多了"。

　　走进"特13号楼"，当初的木质楼梯扶手已经被刷上了新漆，沿着楼梯，慢慢走向二楼，淡黄色的阳光穿过树叶，从窗户轻轻地洒在走廊的地上。风吹过树冠，光与影相互交错，恍惚间似乎能够看到许多年前学者们穿梭其中的身影。当初的木门许多都换成了钢铁的防盗门，只有其中一个挂着"204"门牌的房间与周围略有不同，仿佛历史在这里逗留得更久一些。

　　谈话间，边东子和陈辰打开204的房门，走进了郭先生的故居。回国后的郭永怀一家，就是在这儿，一住好些年。甚至，李佩晚年也不愿意离开，因为这小小的房子里，有她太多的依恋和记忆。

　　触摸着一架老旧的钢琴，边东子回忆，少时常能听到郭永怀家里传出来的演奏着古典乐的钢琴声。夫妇两人着力培养他们的独女郭芹弹钢琴，郭芹很有天分，弹得很好。有时候，郭永怀一家人也会在晚上一起听音乐。

　　边东子拿出一张黑白照片，照片上，年少的郭芹坐在钢琴前弹奏，李佩站在她身边，面露微笑，而郭永怀则坐在身后的沙发上，笑看着自己的女儿。

郭芹在父母陪伴下练琴

　　这张照片，是他们归国后为数不多的合影。在美国，他们有许多合影的机会，而回国后，却寥寥无几——忙碌的工作使得连拍一张全家福都成了奢望。

　　可即便如此，郭先生对郭芹的爱，仍不减一分。郭芹插队落户的时候，郭先生百忙当中亲自到火车站去送。等火车要开的时候，他的眼泪掉了下来。女儿也爱他，郭芹病重的时候，见到边东子，两人对望，她没有谈自己的病，反而请求说，你写写我爸爸吧。眼光清澈感人，令人无法拒绝。

　　边东子形容郭先生时说，感觉他就像一座火山，山上可能是皑皑的冰雪，但是它里面是喷涌的滚烫的岩浆。

刘敏夫妇向陈辰展示二二一厂工作照

　　那么，情感如此深沉热烈的郭先生又是如何忍受对至亲的思念和牵挂的呢？离开特楼，陈辰找到了郭永怀在二二一厂工作时的下属——刘敏和朱志梅两位老人。

　　刘敏拿着相册给陈辰翻看，一张年轻男子灿烂的笑脸脱颖而出。这便是当年刘敏在基地的"17号工地"上拍的，也是唯一一张在"17号工地"的照片——严格的保密措施使得在二二一厂的所有事情包括地理位置全都要保密。

　　在二二一厂期间，所有人都抱着一股信念。他们喝带着咸碱味的水，住帐篷，睡铁床，风餐露宿。在那儿，为了不被卫星发现，不能搭很多帐篷。西北风大，仅有的几顶帐篷也时常被风掀倒，不得不挖地窝子来固定和支撑帐篷。他们经常吃不饱，饿着肚子搞实验。实在撑不住了，就从老鼠洞找吃的。

工作服大部分不合身，鞋的尺码也不对，脚小的同志们却穿着大鞋，像艘小船，走起路来显得十分滑稽。

1960年时，郭永怀51岁。年过半百的他同时兼顾着力学所和九院，在北京和海拔3000多米的青海基地之间来回奔波着。住在小平房里，工作忙的时候通宵达旦，特别累的时候就躺在没垫被褥的铁皮床上休息一会儿，完了再工作。

中午吃饭，大家都围在餐桌边站着吃，凳子也没有。馒头又冷又硬，他也得吃。有的时候有糯米饭，大家都在抢，他不好意思去盛，便只"啊"一声，什么也不说。

在基地为了看东西方便，帽子也不戴了，露出满头的白发。恶劣的环境里，他在户外看飞机的投弹情况，风吹来，白色头发迎风飘扬，瘦高的身影坚定矗立。

他从来不发脾气，也不把自己当成特殊的人。正如他所说，假如我们国家第一颗原子弹不响，我们中国在世界上就没有地位。为此，他和当时的科研人员付出再多也在所不辞。

1964年10月16日15时，我国第一颗原子弹爆炸成功。爆炸成功的消息在中央人民广播电台循环播报，《人民日报》头版登出，无数中国人涌向街头。这声巨响凝结了数万人的心血，它震撼了世界，震撼了所有炎黄子孙的心灵。当蘑菇云升起的时候，有人在爆炸现场看到九院副院长郭永怀泪流满面，缓缓坐在了地上。

回想起最后一次见到郭永怀，刘敏笃定地说是在1968年11月。到了青海以后，有一段时间街上有卖狗皮皮鞋的。冬天的狗皮皮鞋最是暖和，郭永怀便打算给在内蒙古插队的郭芹买一双。可他分不清男鞋女鞋，也不知道该买什么尺码，便到刘敏和朱志梅的家中去问。可朱志梅和郭芹身材差异大，码数并不相同。犹豫再三，郭永怀也没买。

朱志梅回忆，郭永怀从来不说家里的困难，这位大科学家始终将目光放在整个空气动力学的发展前景上，跟他们讲的都是工作的事情。

"所以我现在很后悔，我们应该帮他去买一双，就把那个鞋直接寄给郭芹就好。"朱志梅如是说。在他们的记忆中，这是郭先生唯一一次，为女儿向同事咨询鞋码。平时理性专注的郭所长，把对家人的挂念，深深埋藏在了心里。

郭永怀之后给郭芹去信："芹儿，你10月19日的信收到了。你的生活都已作了妥善安排，这都很好。布鞋暂没有，你是否量个脚样寄来，待有了货，一定买。手好些了没有，初劳动时要注意，过猛和粗心是一样的，都是不对的，一定要向贫下中农学习。爸爸，11月3日"。

这是郭永怀写给女儿郭芹的最后一封信，它不仅是郭

郭永怀和李佩最后一张合影

永怀的遗物，后来也成了郭芹的遗物。郁百杨在说到这些时红了眼眶。

他在给李佩编画册时，李佩曾给了他一个盒子，这封信便在盒子里。当他翻看到这封信时，难受又感动，便把信编进了画册。

李佩病危时，郁百杨接到电话，拿了画册赶去病房。打着点滴，已经昏睡了三天的李先生，连本书也捧不动，却在郁百杨讲起画册编写经过哽咽之时，抓着他的手摇了摇。可能是安慰，可能也只是李佩先生不喜欢眼泪，她和郭先生一样，都把最深最浓的情感放在了心里。

1968年10月3日，郭永怀又一次来到试验基地，为中国第一颗导弹热核武器的发射进行试验前的准备工作。

1968年12月4日，在青海基地整整待了两个多月的郭永怀和往常一样，率领着攻关队伍在青海夜以继日地工作着。经过大量计算和反复推敲，一组准确的数据终于被测算出来。他匆匆地从青海基地赶到兰州，在兰州换乘飞机的间隙里，他还认真地听取了课题组人员的情况汇报，然后要急着赶回北京。

当夜幕降临的时候，郭永怀拖着疲惫的身体登上了赶赴北京的飞机。

5日凌晨，飞机在北京机场降落时坠毁在了玉米地里。

通过残破的手表，工作人员辨认出了郭永怀的遗体——郭永怀与警卫员牟方东紧紧地抱在一起，保护了那个装有绝密资料的公文包。

李佩回忆，那时郭永怀在单位里还给她打过电话，说大概12月5日几点可以到北京，她也一直在等着。可这一夜没有任何动静，也没有人打电话告诉她怎么回事。她便想着，也许郭永怀是临时有什么事情，改期了。

直到之后的第三天傍晚，家里呼啦啦来了一大群人，李佩才意识到，情况不妙，郭永怀是出事了。她冷静地听完消息，甚至都没有哭。可等到晚上，所有人走了之后，她就突然回想起了很多很多的事情。

晚年的李佩家中，一直保持着他们回国时的原貌，枕头放在床尾，因为那

郭永怀（于震饰）用身体保护资料

李佩每晚看着郭永怀遗像入睡

样，她就能夜夜看着挂在墙上的郭永怀的遗像入眠。正如边东子引用的那句诗词："两情若是久长时，又岂在朝朝暮暮"。

"我想郭先生走的时候，肯定是有遗憾的吧。都没有向他最爱的芹儿告别，我觉得他们三个人心里都会有遗憾。但是这么多年，他们对彼此的爱都没有一丝一毫的减弱，没有被岁月冲淡。"陈辰如是说。

2018年12月5日，是郭永怀先生牺牲50周年纪念日。中国科学院的一片不起眼的绿丛中，有一座半身塑像洁白如玉，立在一条小径的尽头。这是中科院力学研究所的郭永怀塑像，这里安置着郭永怀和李佩的骨灰盒。它年年都吸引着无数学生前来缅怀，他们生前的好友及许许多多崇敬他们的人也会在这一天聚集到这里，将一束束白菊敬献于塑像前。

郭永怀是中国力学科学的奠基人和空气动力研究的开拓者之一，也是唯一一位为中国核弹、导弹和人造地球卫星实验工作均作出重大贡献的科学家。

在空气动力学领域，他在1946年至1956年间着重对跨声速理论与粘性流动进行了深入的研究，先后发表了《可压缩无旋亚声速和超声速混合型流动和上临界马赫数》（与钱学森合作）、《关于中等雷诺数下不可压缩粘性流体绕平板的流动》、《弱激波从沿平板的边界层的反射》等重要文章，解决了跨声速流动中的重大理论问题。与此同时，为了解决边界层的奇异性，他改进了庞加莱、莱特希尔的变形参数和变形坐标法，发展了奇异摄动理论。

在航天领域，从1957年11月4日，苏联发射第一颗人造卫星起，他就参加了中国科学院星际航行座谈会，大力倡导中国要发展航天事业，并参加了负责卫星本体设计的人造卫星研究院的领导工作。

他创办了《力学学报》和《力学译丛》，并亲任主编，翻译出版了《流体力学概论》等多部学术名著，先后开展了新兴的高超声速空气动力学、电磁流体力学等多项课题的研究。

在两弹领域，1967年，郭永怀参加了空气动力学研究院的筹建工作，担任了主管技术工作的副组长。他和钱学森一起为该院规划了蓝图，为以后空气动力学研究发展中心的建设奠定了基础；中国开始研制核武器时，他负责动力项目研究。提出了"铁条包布"的设计思想，为核武器真正武器化作出贡献。他呕心沥血，多次赴现场参加准备工作，从理论到实践都作出了重要贡献。

此外，在潜地导弹、地对空导弹、氢氧火箭发动机和反导弹系统的研究试验中，他都作出了巨大贡献。

郭永怀，他见证了祖国从积贫积弱到独立自强的过程，他用自己的一腔热血投入其中，无怨无悔。他已经无愧于年少时科技强国的承诺，无愧于这个时代，无愧于

陈辰向郭永怀致敬

祖国。

钱学森在《郭永怀文集》序言里曾说:"郭永怀同志是一位优秀的应用力学家,他把力学理论和火热的改造客观世界的革命运动结合起来了。其实这也不只是应用力学的特点,也是一切技术科学所共有的,一方面是精深的理论,一方面是火样的斗争,是冷与热的结合,是理论与实践的结合,这里没有胆小鬼的藏身处,也没有私心重的活动地;这里需要的是真才实学和献身精神。郭永怀同志的这些贡献,我想人民是感谢他的。周恩来总理代表党和全国人民对郭永怀同志无微不至的关怀就是证据。大家辛勤工作,为翻译、编辑和出版这本文集付出了劳动,也是个证据。是的,人民感谢郭永怀同志!作为我们国家的一个科学技术工作者,作为一个共产党员,活着的目的就是为人民服务,而人民的感谢就是一生最好的评价!"

1968 年 12 月 25 日,中央政府授予郭永怀烈士称号。

1999 年,中央政府授予郭永怀"两弹一星荣誉勋章"。

2003 年 9 月 18 日,中国科学技术大学隆重举行"郭永怀先生'两弹一星'功勋奖章捐赠暨首届郭永怀奖学金颁发仪式",郭永怀先生的夫人李佩教授向学校捐赠"两弹一星"功勋奖章,并亲自为学生颁奖。

2012 年 12 月 15 日,为了纪念郭永怀,郁百杨编剧导演、宋怀强教授主演、中国科学技术大学各社团历时五年倾力打造的大型多媒体音乐剧《爱在天际》于科大首演并在各地演出十余场。

2018 年 7 月,国际小行星中心已正式向国际社会发布公告,编号为 212796 号的小行星被永久命名为"郭永怀星"。

当集编剧:王运辉等

编辑:王月莹

致你们远去的身影

如果你提前知晓了所要面对
的人生，你是否仍然有勇气前来?
如果你提前知道为什么而活，
你是否依旧能忍受任何一种生活?

委身为石，永怀不朽

有人曾说，时间是最公正的判官。历经岁月的涤荡，有一些记忆，一些精神会被沉淀下来，它们深烙心中，日积月累，逐渐厚重。

"祖国母亲的贫困，是儿子的无能!"这句话如同划破夜空的一道惊雷，也为中国带来了一位改变命运的巨匠。

20世纪50年代，年近五十的郭永怀先生毅然决然地放弃国外优越的生活和研究条件，回到了这片他爱得深沉的土地。离开美国前，郭先生将在美国研究的所有成果付之一炬。那一刻，郭先生早已花白的鬓发，被熊熊火光映照着。那是他与曾经的自己的一次诀别。

多年后的今天，我再回忆起这段过往，不禁觉得这像是冥冥之中注定的一个轮回，让人叹息。

在金银湖的日子，没有生活，只有秘密。

一餐两个土豆，一碗白菜汤，一吃就是五年。

陈辰和郁百杨探访二二一工厂旧址

名和利对他而言是什么？抑或他是否思考过这个问题？

穿梭在核武器研制基地，恍若隔世；抚摸历史在墙上留下的印记，不禁感叹，曾经的那群学者，有着与今者截然不同的气度、学识、胸襟和情怀。他们的个性或迂或狷或痴或狂，但内心却不失风骨，心底深深烙烫上一个"士"字的模样。

郭先生尝评价自己为石子，一颗中国富强路上的铺路石子。任时光如流水，磨平了棱角，却万不能磨平一颗赤子之心。

在走近郭先生的过程中，他的为人行事，只言片语，他的一件件琐事，一个个细微处，都昭示着风骨、风范、格调和崇高的灵魂。

怀瑾佩瑜，凝敛成石

杨绛先生曾在散文《流浪儿》中写道：

"有时候，我凝敛成一颗石子，潜伏涧底。时光水一般在我身上淌泻而过，我只知身在水中，不觉水流。"

在我看来，这也是对李佩先生最好的写照。

节目篇幅太有限，不然我真的觉得这期，应该是两个主角。

真正带领我走近郭永怀这位已经离开了 50 年的英雄的，觉得他如此有血有肉的，是李佩对她的爱。

李佩是郭永怀在康奈尔大学的同学，中国应用语言学之母，一个如此优秀的女人至死不渝地爱一个男人一辈子，她和他一起生活了 20 年，之后 50 年，李佩独自走过，生活在对他的一日不曾停歇的思念里。这样的爱情，我作为女人，懂得，也无法懂得。

郭永怀和李佩合照

作为郭永怀的妻子，与李佩一生相伴相随的，是生命的无常和命运的湍流。郭先生 1968 年因公牺牲，噩耗传来，几乎所有知晓郭先生的人都陷入深深的痛楚中，悲恸不已。然而李佩却没有在人前掉一滴泪，只是在阳台呆呆地望着远方，一站就是几个小时。

李佩独守旧居，家里的摆设直到现在都是郭先生离开时的模样。她特意把枕头换到床尾睡，就是为了在每晚入睡前能看着郭先生的遗像。

有人说，人生最大的痛楚不是放声大哭，而是默不作声。

用包容、坚毅去化解痛楚，用强大的内心去消化身心上的伤害。

这份强大得能容得下任何湍流的内心，说到底，是彼时中国知识分子的一种强大精神力量，是了悟生命的悲欢和无常后所淬炼出的坦然无惧。

在失去郭永怀先生后，李佩先生没有改变也没有放弃。她依然坚强、有尊严地活着，依然保有着那份不屈而淡然的优雅。

回到北京后，李佩先生开始新的工作。从组建中国科学技术大学研究生院外语教研室，到聘请外教、负责多项留学工作，再到出任中科院科技翻译与工作者协会副会长。

离休后的李佩先生在 80 多岁高龄时创办了中关村专家讲坛知识讲座，依旧尽力地给予身边的人无限的关怀和温暖。

"爱一个人，就要像他一样去做。"

这是李佩先生留给世人对爱的一份感悟。但真的能做到，并非易事。

没有依赖、没有享受，李佩先生一直努力地做着她自己热爱的事业，坚持着她和郭永怀先生共同的理想。

她把自己活成了仙，美好得有些不真实，却又是如此真实。

看似不争，看似入世，但她却又是最清醒的那一个。永远知道自己追求的是什么。

时代已远，先生已去。但她的精神，却如珠似玉。

有幸能通过节目打破"次元壁"，穿越到那个特殊的年代，遇见了郭永怀先生、李佩先生这样一批纯粹的"士"。

他们的身影沉稳而又优雅淡定地穿越岁月的风烟。时间从不曾将他们的风采湮没些许，反而在我们的心里树起了一座座为人处世的丰碑。以他们为标杆，去重新编织自己的生活。

侧记

这期节目，得到了郭永怀先生和李佩先生的学生，生前的属下、助理的倾力支持。

80 岁高龄的戴世强教授如今依然在教育工作第一线培养学

陈辰和戴世强教授

生。为了配合我们的拍摄，他在百忙之中抽身坐通宵火车从上海来到北京，兴致勃勃地为我们讲述师父和师母的过往。

从成为郭先生学生的那一年起，戴教授和他的同学们每年都会去和师父、师母守岁。哪怕在郭先生离开后，这个习俗也从未改变，直到李佩先生离开。

戴教授他们的初衷特别简单：因为热爱老师，敬佩老师，所以愿意让更多人听到他的故事，当好他精神的二传手。

郭永怀先生的两位老部下，为了帮我们拍到郭先生故居而费尽心机，无惧高反，一路颠簸陪我们到金银滩拍摄，为我们讲述那段特殊的日子。

他们都不是喜欢抛头露脸的人，却都为了郭先生百般配合。

录制这一期的过程中我一直处在落泪的边缘。一对神仙眷侣，两个无私的灵魂。

如此充满魅力，让身边的人们，可以如此热爱着他们，丝毫不被岁月冲淡。

张欣

——"神笔马良"、刑侦专家

笔尖与纸张轻轻摩擦，细碎的线条勾勒出完整的脸庞，呈现他人话语所指的模样。

这里要说的，不是艺术家的灵感激荡，而是关于一位刑侦警察的人物速写，不求美，不求绚丽，只为真实，只为正义。目击者的模糊印象，就这样通过模拟画像技术，化为轮廓清晰的脸部特写，明确指向与案件牵连的那个人，案情由此得到进展和突破。

我国古代的"海捕文书"，就是用模拟画像缉拿罪犯的早期例证，写明姓名、年龄和体貌特征，再配以这名逃犯的画像，张贴在城门外的人流汇集处，以一定悬赏吸引人们来辨识。在刑侦破案的小说和电影中，这种情节同样不少见，用画笔追查犯罪分子，或是用电脑生成嫌疑人形象，这种炫酷手段使剧情得到转折。

美国刑侦画家路易斯·吉布森通过模拟画像破案 1226 起，锁定犯罪嫌疑人 751 人，被誉为世界上最成功的刑侦画家，并成为吉尼斯世界纪录保持者。在我国警坛，也有这样一位传奇人物，从业 35 年来，经手案件约 11000 起，通过画像破案已超过 1000 起，被誉为"警坛神笔""犯罪克星"，一人画遍千人面。甘肃白银奸杀案、呼和浩特连环杀人案、北京特大诈骗案、辽宁鞍山抢劫杀人案、昆明百货大楼特大爆炸案……这些震惊全国的案件成功告破的背后，都有一个人的身影，他就是公安部模拟画像专家张欣。

聆听，思考，手绘，张欣的一生，用出神入化的技术，废

刑侦专家全国公安系统一级英雄模范张欣

寝忘食的敬业，伴随着的伸张正义的使命感，绘制出以他为名的巨幅英雄画谱。

一幅幅画像满墙，一张张栩栩如生的脸庞，英雄寻访者陈辰与英雄演绎者吴刚，满怀敬意地看着张欣的作品——无数案件的模拟画像和资料，各具特点的人像齐齐展现，这只是收集出来的冰山一角。定睛一隅，张欣的重塑人像和实际嫌疑人的照片并排安置，对比之下，脸型五官、神态气质，无甚差别。

一般来说，在模拟画像技术里，相似度超过50%，就是非一般人所能达到的程度。而张欣，达到了模拟重构人像相似度的90%。这一高度，极少有人能企及。

谈到张欣的英雄事迹，大大小小的案件，数不胜数。吴刚表示，对张欣其人早有听闻，并向陈辰提起让他印象最深刻的山西太原抢劫运钞车案件。说罢，两人观看张欣用画像破案的报道视频画面，仿佛与英雄进行一场隔空对话，思绪万千，情绪蔓延。

1995年6月，山西太原的一场抢劫运钞车案件震惊了世人，这是张欣破获的众多案件之一。

案发现场，抢劫者开着一辆蓝色的卡车迎着运钞车直撞而来，运钞车被逼到路边停下，从卡车上跳下来两个男子，一人手持手枪，另一人手持长枪，虎

陈辰参观张欣手稿和生前资料

视眈眈地迎上来。同时，又来了一辆红色桑塔纳，另两人同样手持一长一短枪支包抄而来。司机尚未反应过来，胸部已中了一枪，保安的头部也挨了一枪。两声枪响，运钞车的司机和保安当即身亡。肆无忌惮的劫匪动作迅疾地抬走了 3 个银箱，共计 32 万元，逃之夭夭。

此案关系重大，严重影响社会治安和人民安全，接到任务后的张欣立刻来到当地的南寨派出所。线索有限，难度很大，张欣刚放下行李，就投入了紧张的工作中。警察找到了 5 名目击者，他们来到了张欣的临时办公室。由于事发突然，当时几个目击者看得不是十分清楚，张欣与他们分别谈话，通过慢慢交流，减轻他们的心理负担，然后用一张张模拟图比对，哪条眉毛画长了还是画短了，哪只眼睛画大了还是画小了。

吴刚演绎张欣前与陈辰交流

　　张欣认真倾听，耐心引导，抬头询问的同时，手中的笔也没有丝毫怠慢。在短时间内，五名嫌疑人的长相跃然纸上。太原市公安局张副局长看完画像后，开玩笑说："三号画像有点像我们局里的防暴队民警徐宗科。"此时，徐宗科正在张欣的背后倒水，但谁也没有当真。画像立刻发往全省各地。

　　按说，张欣画完模拟像后就没他事了，但他做事爱动脑子，很快就发现了蛛丝马迹。

　　原来，案发时出现的桑塔纳车的车主是一位水产老板，已经消失很久了。张欣钻进车内闻出了一股血腥味，很快发现驾驶座椅靠背位于头部处有个枪眼。张欣分析后认为：水产老板和他一同消失的情人可能已被杀。令人不得其解的是，车前盖内的空气滤清器上发现了一小摊鸟粪。后来张欣又发现车后盖厢里有大量鸟毛，说明案犯可能在河边洗车。果然，从后车厢内的备用车胎的轮毂与轮胎的夹缝里，找到了一个小螺蛳。

张欣在地图上查找发现，太原边上有个晋阳湖水库。他推理后得出了结论，嫌疑人抢劫了红色桑塔纳，杀死了水产老板和他的情人后，停在那里洗车——死者也许就埋在水库附近。

很快，顺着这条线索，专案组很快查出，这辆红色桑塔纳的牌照是一辆北京吉普车上的。最终，他们找到了当时北京吉普车的卖主、本案的重要嫌疑人，原来是晋阳河水库边上的太原化工厂职工。

太原化工厂的保卫部长一看模拟像后，脱口而出："这不就是供销科的白法义吗？"经暗地里辨认，确认无疑后，警方迅速对白法义实施了抓捕。白法义被捕之后，交代的第一句话就是：有你们内部的人。张副局长脱口而出："是不是徐宗科？！"白法义顿时目瞪口呆，对公安人员的神通广大惊叹不已。

在这个案子里，张欣不仅仅出色地完成了本职工作，而且还积极动脑，不放过线索的一丝一毫，发挥自己全部所能，参与破案。

张欣出神入化的模拟画像技术，并非凭空而来，而关于他如何走上以模拟画像进行刑事侦查的道路，亦有一番故事。陈辰找到了曾经担任过上海市公安局政治部宣传科负责人的李动，试图探寻凭画像让嫌疑人无处遁形的张欣，是如何练就一手神技的。

李动可谓是张欣的忠实粉丝，他详细整理过数百件张欣破获的案件，对张欣的生平事迹了如指掌。跟随着李动的指引，陈辰出发前往张欣第一次破案的地方——位于上海市民德路29号的老北站派出所，就是在那里，因一次偶然，张欣初露头角，开始了漫长人生里模拟画像技术的探索之路。

天空下着蒙蒙细雨，绿皮车缓缓驶过。老北站派出所坐落在铁道旁，并不十分引人注目。漫步雨中，陈辰听着李动声情并茂地将张欣的过往娓娓道来。

　　张欣从小就喜欢画画，并且是学国画出身。16 岁那年，他在北京海军司令部服役，由于美术特长突出，被送到海军俱乐部进行专门的美术培训。当时培训张欣书画的老师，分别是李可染的大弟子、海军政治部美术组组长李宝林和书法家启功。张欣曾有过当一名画家的想法，但在经过一番思虑后，最终还是进入上海铁路公安处松江站派出所，当上了一名驻站民警，画画成为了他的业余爱好。在忙碌的日常协查工作中，张欣发现了一个问题：民警们常常看谁都很像嫌疑人。这是因为通报是以文字的形式呈现出来的，表达能力毕竟有限，更何况人的理解力本就千差万别，所以通报上有些表述怎么理解的都有；再加上当时有一定的特殊性——老百姓穿的服装都一样，不是蓝的就是灰的，发型也雷同，所以甄别嫌疑人的难度很大。有时他会想，要是能根据目击者对嫌疑人的口头描述画成具体的人像，让刑侦人员凭画像去查找嫌疑人该多好。

　　1986 年，张欣被正式调到上海铁路公安处办公室。这一年，是他人生的重大拐点。

　　这年夏天，上海老北站行李房被冒领走一台彩电。尽管现在看来，一台彩电丢失并不是什么大事，但当时可是一场大案。以当时的物价水平，一位民警一个月的工资才 36 元，而一台彩电价值 1000 多元，不难想象其重要性。经火车托运过来的彩电，被暂时放置在老北站行李房，待人认领。可是主人还没来得及赶来，见财起意的不法分子，就已经怀着侥幸心理将彩电取走了。

　　第二天，处长带着当时作为秘书的张欣来到案发现场了解案情。好在仓库保管员对取走彩电的人的长相还留有印象，在当时监控和通信设备不发达的情况下，保管员的陈述成为破案的关键点。在他叙述嫌疑人面貌特征时，张欣在旁拿着钢笔边听边记，但记着记着便发现有个问题：人的眼睛、鼻子什么样，用语言不太好形容，写起来既麻烦又不准确。灵机一动，他干脆根据保管员的描述画了起来。

　　这是张欣生平所画的第一张嫌疑人模拟像。处长感到画得不错，不由自主地夸赞了一下，并没有太在意。没想到，站在旁边的老北站派出所周副所长见了画像后笑道："这不是刚被开除的搬运工徐小林吗？"抓住这一线索，民警即刻前往徐小林的家中，发现彩电正好被绑在他家门外自行车的后座上，还没来得及卸下来。

　　是巧合也是机遇，更是张欣美术功力的恰逢其时，彩电冒领案就这样完美地被侦破。这种少见的破案方式，在上海的整个公安部门产生了轰动，张欣也因此初露锋芒，并好几次接到邀请，参与外援。直到有一天，处长见了张欣笑道："我看，你别干秘书了，还是去刑队技术组干你的特长画画吧。"张欣欣然接受，并到刑侦技术科当刑事技术员，专门从事模拟画像工作。

　　然而，人生不可能总是一帆风顺。作为技术人才被调到了刑队技术组，领导给他创造了许多有利条件，遗憾的是张欣的画像就是"不灵了"。在接下来一段时间里，张欣给十多个案子的嫌疑对象画像，目击者有的勉强说像，大多数说不像——他进入了瓶颈期。

　　张欣并未因此而气馁，而是通过冷静反思，找出问题所在。他认为嫌疑人的特征常常不明显，自己的本领也不过硬，目击者又往往不能非常清楚地描绘嫌疑人的体貌特征，画出的像自然就有很大出入。于是他狠下苦功，坚持每天画 50 张左右的素描，并利用各种机会，广泛收集资料，仔细研究、分析、辨别我国各民族各地域人群的特有体貌特征，特别是脸型特征，并研究他们之间的差异。研究与实践相辅相成，为了磨自己的基本功，张欣每天利用乘火车来回上下班的机会，拿出画笔描画身边形形色色人物的面貌特征。每次坐车去上班的路上，他都要仔细打量每个乘客的长相，就连上街走路都时时留心；回家后也见缝插针地画，上班时更是全身心沉溺其中。一年下来，画了一万多张头像。为了进一步提高自己，他重新走进美术学院进修大专和本科的课程，并利用节假日走进城市、农村、矿山和少数民族聚居区，认真观察各类人的体貌特征，画出了几十万张各类人的素描。

"遇强则强"，"困难越大，我就越有斗志。"张欣说。

功夫不负有心人。随着利用画像破案增多，他在上海乃至全国有了知名度，慕名而来的案子也逐渐增多，以致应接不暇。长期实践使张欣对口述的人物形象有了很强的理解力，他画出的像，只要口述者指出，他能很快地修正，画过一次就在脑海中留下极深的印象，一旦出现相似的人像，他很快就能想起。

与一般画像不同的是，张欣更加注重模拟人物可供辨认的细节，比如脸部的纹、痕、疤等，以及嫌疑人的面部会出现什么特别的表情、动作。通过反复摸索和实践，他走出了一条自己的模拟画像之路。除此之外，他不满足于单一的绘画，还潜心自学了犯罪心理学、刑事侦查学、预审学、痕迹检验学等多门学科，并综合运用到了模拟画像及侦查破案中。实践中，他善于根据目击者口述嫌疑人的特征，细心了解案情，从中发现线索和捕捉关键细节，从而为破案找到突破口。

"台上一分钟，台下十年功"，李动感慨道，张欣拥有过人的天赋，但更显而易见的，是他的用心，他的责任心，日复一日年复一年，锲而不舍的努力。张欣不但有高超的技术，还有着崇高无私的奉献精神。二十多年来，在他一次次和受害人、目击者的交流之后，数万张嫌疑人的脸跃然纸上。

张欣在模拟画像上，倾注了所有心血。"梅花香自苦寒来"，他达到了常人难以企及的高度，寥寥数笔，他就能把犯罪嫌疑人从茫茫人海中揪出来。他细心研究过人的肌肉和五官，能根据骨头的形状，恢复原像。听着李动绘声绘色的讲述，一件件张欣的辉煌事迹，让陈辰惊叹不已。李动指

张欣（吴刚饰）钻研模拟画像技术

出，张欣的技术已经达到炉火纯青的地步，他甚至仅凭一个人的头盖骨都可以复原其相貌。

2008年3月15日下午，上海铁路公安处昆山车站派出所接到一个报警电话，报警人声称在辖区铁路线旁的草丛里发现了一颗疑似人类头骨的东西。

办案民警到现场后发现，头骨虽然有头发，但没有五官，毁容严重。民警迅速将案情向上级公安机关报告，一个由张欣带领的刑事技术专家组成的现场勘查小组迅速赶到现场。

刑事技术人员发现，案发现场铁路两侧都有一米多高的隔离网，通过对现场周边的痕迹分析，首先排除了铁路交通事故的可能性，并通过一系列严谨的侦查实验得出结论，这颗头颅是从上行铁路线的列车上抛出的。

　　破这个案子的先决条件，是查清死者是谁。这一次，张欣面对的不再是普通的目击者，而是一颗已经被严重毁容的头颅。现场照片只能为张欣提供被害人面貌的大致轮廓特征，具体细节则要依靠张欣的经验去完成。这项任务颇具挑战，但他毫不畏惧，全力以赴。

　　经过连续两个昼夜的努力，被害人的模拟画像终于出现在了张欣的面前。模拟画像迅速被制成寻人启事四处张贴。不久，安徽蚌埠一男子到派出所报案说自己的哥哥失踪了。报案男子看到张欣所还原的画像的第一眼，眼泪就流了下来，他瞬间就认出，张欣画像中的男子正是自己失踪七天的哥哥。DNA 比对最终佐证了他的判断。

　　确定了被害人身份后，被害人的前妻赵某和一名叫王宾的男子被警方迅速确定为重点嫌疑目标。警方在对上海火车站监控录像进行排查时，发现了王宾的踪迹，并最终找到证据将二人抓捕归案。

　　陈辰来到上海铁路公安局，与前来缅怀师父张欣的鹿一吟见面。鹿一吟是陕西省汉中市的一名刑警，他向陈辰讲起他的模拟画像求学之路，他能够成为张欣的徒弟，也颇有一番机缘。

　　有一天值班的时候，鹿一吟无意中翻开一本同事订购的杂志，看到一篇关于利用模拟画像破案的文章，这才知道原来可以用画像破案，而且有人就在做这件事，这篇文章的主人公就是张欣。从此，张欣这个名字印刻在了鹿一吟的心中。

　　1995 年，陕西发生了一起铁路碎尸案，当时张欣和上海的公安人员被请到当地办案，鹿一吟一眼认出了人群里的张欣，按捺不住地拿出自己的画作请张欣指点。作为当地警方的协助人员，他在积极配合张欣的同时与他有了许多交流，如此一来，两人建立了断断续续的联系。2004 年的一天，在命案中队当探长的鹿一吟，突然接到了让他期待已久的电话——张欣邀

陈辰与张欣徒弟鹿一吟交谈

请他去上海学习。相对于听筒那边沉稳平静的语气，鹿一吟的内心一阵惊呼，激动不已，随即动身前往上海。

对于学费，张欣闭口不谈，鹿一吟有些忐忑不安，准备了两千元钱来到上海。可是每次一说到学费的事情，张欣就说先画画。直到培训结束，鹿一吟和张欣告别时，拿出两千元钱放到张欣的桌上，张欣立马拉住他，让他把钱拿回去，鹿一吟不拿，张欣一拍桌子发了火："如果不把钱拿回去，以后师徒就做不成了！"鹿一吟当即吓得说不出话来，从没见过师父发这么大的火，只好把钱收了回去。

接着，鹿一吟带着陈辰走进了张欣的办公室。阳光从窗外洒进，窗边是一盆绿植，简单的布置，安静的陈设。

书柜不起眼的一角，塞满了张欣的荣誉证书和奖杯。屋内两张桌子，一张供学生画画，一张是张欣的办公桌。鹿一吟指着一旁的沙发，笑着说这是来求学时每晚的栖息所在，沙发的一头已然磨损破皮。鹿一吟从桌旁的纸箱里翻出厚厚的一沓照片，这一张张老旧的黑白人像，是张欣搜集的资料，供学生们模仿练习。

张欣的桌上，摆放着他用过的文具盒，饱经岁月磨损的古铜色，周身遍布细碎的刮痕，盒盖上的花纹已难辨识。打开文具盒，里面放着张欣用过的几只长短不一的铅笔，还有一些短短的铅笔芯。鹿一吟曾表示不解，这些废弃的铅笔芯，师父为何不扔掉。张欣告诉他，笔芯断了就扔掉，实在太可惜，画头发的时候，直接拿这个来涂，效果非常好。张欣的徒弟们，也都学到了这一点，鹿一吟说自己的文具盒里，也有这样的碳铅头。看来，张欣对徒弟们的言传身教，不仅是知识和方法，还有习惯和品德，他的勤俭节约，感染着与他相识的每一个人。

这间办公室里，保留着属于张欣的种种，身处其中，往事浮现。他似乎从未远去。"师父给人的印象，就像他的画笔，从容淡定，笔直刚毅。"每当大家用张欣教的方法在侦查破案中取得成绩，都会兴奋地在微信群里向他汇报。而他在赞许的同时，总是很平淡地告诫徒弟们，不要骄傲，荣誉都是过去式，要及时总结梳理，为今后侦破更多的案件做好准备。说到这里，鹿一吟红了眼眶。

张欣去世的前几天，还和鹿一吟通过微信聊天讨论一个案件，两天后案件顺利告破，鹿一吟还没来得及向师父报告结果，就在用于师徒们交流的微信群里看到了师父去世的消息，这一切，毫无预兆。那天，鹿一吟出警回到单位，看到微信群里都是哭的表情，不明所以的他忽然感到有些不妙，往上一直翻，最终看到了"师父走了"这几个字。他不敢相信，立刻给安徽的师弟强辉打电话询问，师弟告诉他已经证实了消息。鹿一吟听到

鹿一吟与师父张欣合影

陈辰与鹿一吟回忆张欣过往

这个消息一下子懵了，几天都缓不过来。说着这些，鹿一吟再一次忍不住抽泣起来。

在张欣之前，中国的模拟画像领域几乎一片空白，更谈不上专业的、系统的、科学的知识体系，张欣通过苦练摸索，以及大量的破案实践，开创了中国的模拟画像学科，并且将画像技术毫无保留地传递给了他的徒弟们。在繁忙的工作之余，张欣还要抽出大量的时间来指导徒弟。

张欣的著作《记忆人像》，由辽宁美术出版社于 2002 年出版，是他有条不紊的教学工作的一本自制指南，向张欣求学的徒弟们便是以此为课本。这本书是他对模拟画像学科探索研究的结晶。书中阐述了记忆画像的概念和基本原理，给予了模拟画像的操作方法，并指出了需要注意的几个方面，以及口述记忆画像的特点。一页页翻开书本，可以看到形态有着细微差异的嘴巴、眼睛、耳朵、头发，以及将这些面部元素组合成的人脸。张欣根据多年研究的经验，将人的各种五官特征搜集在此。不仅如此，他还跳出面部特征本身，以更为宏观的视角，对人像进行了地域性的研究，将他们的典型特征进行归纳，以对人像有更准确、更细致的把握。认真的观察，丰富的积累，由点及面一一再现，在这本书里不难看到张欣的苦心钻研。

为了提高教学质量，张欣每次只带一个学生，一对一手把手地耐心教导，同时他也是一个非常严苛、认真的人，对画人像的要求非常高。张欣工作中有着缜密的侦查思维和逻辑，他总是深入案件肌理去探察真相，也以此教导徒弟们，大家听过他说的最多的话就是"进入角色""进入犯罪嫌疑人的角色"。来沪学习的日子里，徒弟和师父都是形影不离的，吃住都在张欣的办公室，大家也总结出了一条顺口溜，学手艺就得"睡沙发，吃食堂，跑现场"。每一个来向张欣求学的人，都声称张欣是他们命中的贵人，在数月的求学生活中获得了终生

张欣生前合影

难忘的经历，受益良多的教导。张欣的精神和品质，润物无声般地融化在日常相处中，在传道授业解惑的点滴中。对每个学生来说，他是严师，更像是慈父。

而张欣的愿望，是在全国每一个省份至少有一个徒弟，希望能把他的模拟画像事业传承下去。尽管身体不好，高血压、心脏问题频频出现，抢救回来以后，张欣依然坚守在模拟画像岗位上，努力在公安战线上为打击犯罪保护人民做出力所能及的最大贡献。张欣毫无保留地传授自己掌握的绘画技术，这对全国公安战线刑侦方面特别是模拟画像方面起了极大的积极作用。

这些年，张欣总共收过 28 名徒弟，他们来自全国 28 个省市公安一线，徒弟们将张欣教授的模拟画像技巧运用在自己的工作中，案件告破的好消息频频传来。张欣以一己之力，让模拟画像技术在中国发展壮大。

张欣曾给徒弟鹿一吟寄过新春贺卡，祝他的父母身体健康。他常常告诫徒弟们要重视家庭，张欣说："这辈子我亏欠家人太多了。"的确，他把整个身心给了工作，可他也是一位丈夫，一名父亲。

拖着沉重的步伐，陈辰来到张欣的家门口，开门的是张欣的妻子朱心心。张欣的突然病逝，使这个家庭仍笼罩在悲伤之中。看到为追忆张欣而来访的陈辰，朱心心努力克制住情绪，但悲痛又一次袭上心头。微红的眼睛里闪烁着泪光，朱心心与陈辰交谈的声音有些哽咽。稍微平复了一下心情之后，她带着陈辰来到了张欣的书房。

不出差的时候，每天吃完晚饭，张欣就会来书房练一幅字，或者画一幅画，这是每日必做的功课，几十年如一日。座椅上挂着他上班时用的包，里面是画画的工具，他每天晚上把包整理好，平放在桌上显眼的地方，形成随时准备出发的状态，然后才会去睡觉。有时候出现紧急情况，接到电话后，便拿着包就走。经过询问，陈辰才知道，这个破旧的包，原来是儿子用下来的，张欣舍不得丢，就拿来自己用了，这一用又是好些年。书桌里还放着张欣过去出差用的包，老旧的款式，颜色都被磨损得失去光彩，包的表皮到处是斑斑痕迹。桌上还放着张欣上中学时候的搪瓷碗，白色的瓷面被岁月所斑驳，上面印有红色的字迹"松江一中"，张欣在那里度过了中学时代，而这个碗现在成为他画画之后的洗笔碗，始终陪伴着他。血压计、药包等整齐地摆放在桌面，出差时妻子会提醒他带上。

桌子正中间，灰绿色的画板上用泛白的蓝色夹子夹着几张画像，是张欣离开之前最后一次处理案件所画，一切保留如旧。张欣有着随手画像的习惯，有时也会画画家人来练手，他留下的每一张画，每一张泛黄的纸，都成了珍贵的纪念。儿子小时候做作业的场景被张欣手中的铅笔所描画，还有妻子的面庞——有一张侧脸画像让朱心心特别满意，于是装进画框，挂在他们两人的房间里，简单的铅笔描画，朴素的白色画框，封存着张欣给妻子的礼物。"他话语是不多的，但在行动上，对家里人还是关爱的。"朱心心说完叹了一口气，百感交集，强忍着泪水，可终于还是泪如雨下。

朱心心向陈辰展示张欣遗物

张欣的工作强度非常大，几乎两三天就要参与协助办理一起案件，有时候手上同时要办理好几起案件，熬夜到凌晨是极其平常的事情。家人经常嘱咐他，要注意身体，不要太操劳了，案件是办不完的。每每说到此处，张欣总是一口应承，但一投入工作，又忘了家人的叮嘱。

长期超负荷、高压力的工作，让张欣的身体一直抱恙，他常常为了处理案件硬扛着连续熬夜，最终心脏负荷太重，导致两次心血管破裂，医生硬是从死亡线上把他拉了回来。身体不堪重负，本再难以维持这种高负荷的工作，但张欣就是放不下案子，毅然决然继续投入工作。

2011年张欣突发心血管疾病，经过紧张的抢救才幸运恢复。医生告诫他，千万不能出差，千万不能提重物干重活。单位领导也很关心他，把他繁重的出差任务给拦截，让他好好保养身体。从繁忙的工作中抽身出来，张欣却不能适应。他不喜欢看电视，妻子叫他出门散步他也兴趣寥寥，好不容易不用熬夜了，张欣却辗转反侧，睡不着觉。那段时间，他更加沉默寡言，经常把自己关在画室，画画，或者是写字，但却情绪低落。张欣的妻子和儿子都知道他的心事，因为他一生的心血都在模拟画像上，突然让他不破案，他感觉自己没有用处了，成为了一个无用之人。看着郁郁寡欢的张欣，家人既心疼又无奈。半年之后，张欣又开始早出晚归，他的身体如琉璃易碎，脆弱的肉体却包裹着坚韧的信仰和精神。

　　三十五年的警察生涯，警察这两个字背后蕴含的辛苦和危险，家人的体会是最深的。然而，面对这样的辛苦和危险，张欣的儿子张惟真，却也选择跟随父亲的脚步，成为了上海市公安局黄浦分局的一位刑警。

　　陈辰来到张惟真的办公室，一眼就望见在他办公桌上的一张全家福，这是多年来少有的三人同框的画面。2006年，张惟真高中毕业，考上警校，张欣甚是高兴，这张合影就是当时家庭聚会的留念。

　　刚进警校那年，张欣一次出差到南京，顺道去看望张惟真。父亲来到儿子的寝室，看到穿着警服的儿子，不善言辞的他只是微笑着，摸摸儿子的警服，看看儿子的警号。张惟真知道，尽管父亲什么也不说，但一定是非常高兴的。

　　张惟真几乎就是母亲一个人带大的。张欣出差频繁，一年可能十个月都在外面，在家里就待一两个月，而且都是当中穿插着回来两三天，不多久就再次启程。最忙的时候，张欣一年都回不了家，一个案子处理完了，下一个外地的公安局又联系他请求支援，他总是无暇顾及家庭。在张惟真印象中，一家三口唯一一次去虹口公园玩，可刚刚到公园门口，父亲接到一个电话，便匆匆离开。小时候的张惟真，对父亲难免有怨言，羡慕别的

陈辰走访张惟真所在公安局

小朋友总是能得到爸爸妈妈的陪伴，拥有完整的家庭。而张惟真的记忆里，总是只有自己和母亲二人，能够得到父亲的陪伴，是他孤单的童年里最大的愿望。

高三的时候，张欣告诉儿子，高考对以后选择职业非常重要，是人生最重要的转折点。"其实他想表达的是，如果我愿意的话还是希望我以后做警察，毕竟他这辈子最大的成就都是在模拟画像领域，他希望我能传承下去。"几十年的警察生涯中，张欣应该最了解这个职业的辛苦，破案的压力，日复一日的熬夜，面对罪犯的危险。即便如此，他却依然希望儿子能做警察，或许在他的心中，认为这个职业自有它的荣光，值得为此付出。

儿子张惟真谈起父亲张欣

    张欣常常跟家人讲他破案的过程，怎样帮那些被害人伸张冤屈。每每说到这样的话题，他眼神都是熠熠闪光的，那么坚定，那么正气凛然。张欣平时在家里沉默寡言，唯有谈起案子他就像变了一个人似的，他说这份工作确实辛苦，但这个世界上总要有人去做这些事情。在儿子小的时候，张欣就常说，做人一定要有正义感。渐渐地受到他的影响，张惟真觉得总归要有一些人去为有需要的人伸张正义，所以他从小对这个职业就非常向往，希望以后能继承父亲的衣钵，继续伸张正义。

    张惟真与父亲的关系很是微妙，他们是父子，是同行，张欣是儿子的前辈，两人更同为男人，同是警察。从小张惟真和父亲交流并不多，回忆起与父亲相处的时光，最印象深刻的就是与张欣的一次合作办案，那也是唯一一次。

　　2016 年大年初二，上海一个老小区发生一起入户强奸案。受害人是个独居的女孩，过年没回家，被一个流窜犯盯上了。这天晚上，作案人悄悄翻窗进了女孩的房间，用屋里的菜刀胁迫了她。不巧，由于当天停电，监控没法工作，女孩对作案人的印象成为了唯一的线索。于是，张惟真所在的分局请求张欣的技术支持，因此有了这次父子合作。

　　张惟真带着受害人去了张欣的办公室，这间屋子他不是没有来过，却是头一次以同事的身份踏入。简单地询问了案件发生情况，张欣便开始投入了工作，受害人惊魂未定，张欣慢慢安抚她，耐心等她心情平复下来，再细心捕捉每一个关键点。看到张欣画好的模拟像，女孩的眼神立刻充满恐惧，神色慌张，确认就是这个人。不久，嫌疑人被抓捕归案，对比下来跟画像有九成相似。第一次看到工作状态下的父亲，那种认真忘我的神情，让张惟真深受感动。

　　在工作中，张惟真越来越能理解父亲的执着与追求，越来越深刻地体会到父亲工作的心情，对这份事业的热爱，破案一刹那间的兴奋，废寝忘食的执着。他认识到正义是一种责任，而父亲是他的骄傲。接过父亲手中的正义之剑，他会努力前行，成为父亲的骄傲。

　　轻轻抚平警服上的衣褶，叠放整齐，将警帽置于正中。这套衣装，是张欣一生的坚守，是他的身份他的荣誉，他的心血他的挚爱，他英雄品质的象征。张惟真双手托起警服，神情严肃地走出公安局。在门口，陈辰、吴刚和张欣的同事们笔直地站在两旁，张惟真深深地鞠躬。

　　"送英雄回家！"一字一顿，语气慷慨激昂，身穿警服头戴警帽的同事们，将右手举上眉梢，向这位平凡而伟大的人民警察，致以最真挚的敬意。

　　从警 35 年，张欣忙于工作，亏欠家人，这是他的遗憾，但他对得起身上这身警服、手里这支笔，这是他的自豪。他的一辈子，就像他手中的铅笔，横平竖直，黑白分明，不写名利，只画正义。

1960 年，张欣出生，从小热爱画画，16 岁到北京当兵，服役期间苦练书法国画；

1982 年，复员到上海铁路公安处松江站派出所，成为驻站民警；

1986 年，因偶然机会通过画像破获人生第一案；

1999 年，被公安部聘为刑侦专家，他是全国仅有的八位专家中最年轻的一位；

2011 年，主动脉夹层抢救过一次，休息了几个月又全面复工；

2018 年 10 月 20 日，张欣由于心脏动脉夹层破裂，经抢

张欣生前合影

救无效不幸逝世。

这些年来，张欣长期奋战在打击刑事犯罪斗争第一线，在模拟画像缉捕罪犯领域潜心研究，成绩斐然，功勋卓著。他是一位攻无不克的刑侦专家，一位破案如神的警察，他日夜奔波，不计劳苦，持续高强度地工作，以牺牲自己的健康为代价，成就对正义的扶持。

张欣这一生，努力学习，刻苦钻研，始终保持谦虚、低调、务实的精神，35 年间，11000 多个案件，平均一年他要侦办 315 个案件，普通人难以想象他的艰辛。他还不忘为中国模拟画像技术育树育人，教导出了散布在全国各地的28 个模拟画像顶尖人才，继续为中国模拟画像技术进步而努力，为了人民的平安而奋斗。画笔就是他的武器，以笔为戟，勾勒正义。

"伟大出自平凡，英雄来自人民"，张欣是平凡的英雄，是伟大的人民警察，是伫立在我们身边的闪亮坐标。

当集编剧：汤瑞元等

编辑：陈金枝

放不下的铅笔

制片人手记。

他这一生就像铅笔，
横平竖直，黑白分明。
用一支不写名利只画正义的画笔，
穷极一生去追寻，
为的，是他心头那方不灭的正义。

当我们决定要做张欣的故事时，他才刚刚去世没多久。要在这个时候去面对他的家人，再次和他们谈起张欣的过往，我非常纠结。

张欣的家位于上海静安区一个再普通不过的老式小区内。小区大门并不显眼，几乎埋没在周围一片小铺中。

我们的车被门口的保安师父拦下了。我们告诉他是去张欣家的，他竟一时对不上名字。直到编导拿出手机中张欣的照片，师父才"哦！"的一声利索地给我们指了张欣家的方向。

"总是看到他骑车上班去。太可惜了，还是太年轻了。"

带着一丝忐忑，我叩响了张欣家的门。开门的是张欣的妻子朱心心。

因为仍在守丧，朱心心一身素服。高瘦的她因为我们的到来勉强挤出了一

陈辰拜访朱心心

些笑容，显得有些手足无措。

我拉着她的手，告诉她："很抱歉在这个时候来打扰您。如果一会儿在采访中有什么您觉得不舒服或者不想去回忆的，您随时告诉我。"说话间，她又忍不住擦起了眼泪。

朱心心先把我带到了张欣的书房，她说这是张欣警官生前待得最多的地方。

屋子很小，堆满了东西，但每个角落都干净整齐。书橱里各种书籍整齐地摆放着，还有一些张欣喜欢的文玩小收藏。书橱顶上层层叠叠地码着张欣画画、练字要用的纸张，方方正正的。

桌上有一只画夹、一副眼镜、一只款式已经有些过时的皮

张欣时刻不忘画画练字

质单肩背包。那是儿子用下来的包，张欣不舍得扔，拿过来自己用。

桌上比这只单肩包年纪更大的是一只印着"松江一中"字样的搪瓷碗。据说这是张欣中学毕业时的纪念，工作后就一直作为笔洗。每次笔洗中的水逐渐浑浊，案子的真相就越来越清晰。

而这只笔洗也见证了张欣从一名普通驻站民警到"警界神笔"的一生。

画画练字，是张欣雷打不动的功课，一生都从未停下。

朱心心说，在家的时候，张欣总是拿儿子和自己练手。

张欣为朱心心画的肖像

　　儿子做作业的时刻，妻子给儿子辅导的样子，都被张欣用画笔从瞬间变成了永恒。这些练习画几乎都是草稿图或者半成品，简单的线条勾勒轮廓，寥寥几笔却总能很准确地抓住神韵，画功真是超绝。但转念一想，或许这也是张欣深藏的爱吧。看似云淡风轻，却早已深入骨髓。

　　印象最深的是张欣画给妻子朱心心的肖像。那是张欣悄悄拿了妻子的一张照片，偷偷画的。虽然朱心心说那是张欣作业的其中一张，但在我看来这幅画却有明显的与众不同之处。

　　笔触细腻，内容完整，还特地着了色，好像是特地为妻子准备的礼物。

　　但张欣却从未正式送出这份礼物。妻子知道有这幅画，也是通过张欣的朋友圈。

　　我们再也不能知道张欣画这幅画的初衷是什么，也不知道为什么最终这幅画只是被放在了书房的柜子中，并未亲手送给妻子。或许是常年在外工作，对于妻子有太多的愧疚，想作为补偿，却不知该如何开口；或许是觉得老夫老妻之间，送出这样一份浪漫的礼物有些羞涩；或许是觉得这幅画还没有达到自己的要求，想之后画一幅更好的再送给妻子。

爱不放嘴边，他只会用行动去表达。无论是对工作，还是对家人。用最爱去献给最爱，倾其所有地去表达情感。这份心思，拙朴却让人感动。

对于儿子，张欣也是个"最熟悉的陌生人"。

在张欣收集的剪报中，夹着特殊的一篇文章。那是儿子张惟真第一次独自离开上海，参加"铁路劳模子女看北京"夏令营时写下的。

张惟真在文中写道："到了北京，来自东西南北的四十几个营员们你一言我一句地一下子热闹起来。仿佛一场祖国各地方言的交流会。性格内向的我一边暗暗欣赏着别人的快乐，一边不停给妈妈和表弟、同学发短信。……我的心中突然闪过一个奇异的念头：几年后，我能否接过父亲手中那支'神笔'，描绘铁路新的蓝图？"

对母亲朱心心，张惟真称呼"妈妈"，而对张欣，张惟真写的是"父亲"。

或许只是口语和书面表达的差别，但也不难看出，作为儿子，张惟真对爸爸张欣有些陌生。

朱心心说，张欣几乎从未参加过儿子的家长会。为此她和张欣也吵过架。朱心心甚至经常和朋友说自己"硬是活成了一个男人的样子"。

翻看家里的照片，三人的合影少之又少。许多次张欣难得休假出游，但拷机一响，张欣总是用自己特有的方式对妻儿敬个礼，说声"对不起"，匆忙归队。

就连他 30 岁生日那天，张欣也是一个电话，说一声"太忙了赶不回来"。

彼时妻子已经做好了满桌饭菜，亲朋好友只能略带失望地吃了一顿寿星缺席的生日宴。

原本想在 60 岁生日那天补足那次的遗憾，但还未等到这一天，张欣就已经匆匆走了。

张欣的生活轨迹，是如此寻常，以至于当警界的同事和学生称他为"不可多得的天才"的时候，很难和他的平时的样子对应起来。或许在张欣自己看来，这一切只不过是再平常不过的工作，他每天的坚持只是想要做好自己喜欢的事，是肩负出世的使命，也是践行入世的担当。

一根筋，活了一辈子。以至于对于其他的事，他都可以"凑合"。住房凑合，穿衣凑合，生活用品凑合，连自己的身体都能凑合。

像个匠人一样，一生做好一件事，便足矣。

回首张欣的一生，他是"在平凡的岗位上书写了不平凡的人生"的代表。因为平凡，才可爱、可敬；因为平凡，才更显品格、忠诚。

这一生，他用放不下的爱一路坚守。他默默地爱着"小家"，大公无私地奉献"大家"，把青春年华和生命全部献给了自己的事业。而正是这样的普通人，在默默奉献中绽放的芳华，才让人民安居乐业，才让社会的安全基业根深叶茂。

伟大不仅仅是靠力量，更多的是一份坚持。

钟扬

——时代楷模、播种未来的植物学家

　　藏波罗花，生长在青藏高原海拔 4000 多米的高山沙质草甸、山坡砾石、垫状灌丛中，喜光、耐寒、耐贫瘠。种子发芽钻出沙石，矮小的植株贴身于地面，艳丽娇美的花朵在恶劣的环境中吐露芬芳。

　　逶迤绵延的群山之中，植被稀少而珍贵。这紫红色的高山花卉，用生命的绽放驱散高原荒土的寂寥，质朴而纯净，映衬着西藏的广阔而深远。

　　"世上多少玲珑的花儿，出没于雕梁画栋，唯有那孤傲的藏波罗花，在高山砾石间绽放。"这是钟扬最喜欢的一首藏族诗歌。

　　钟扬，一名工作在青藏高原的生物学家，藏波罗花是他一生的挚爱。他曾说："环境越恶劣的地方，生命力就会越顽强。就像这生在青藏高原的藏波罗花，深深扎根，顽强绽放。"

　　西藏因其高寒的环境，植物种类极其丰富特殊，而在钟扬踏足西藏之前，西藏的植物"家底"，一直是世界生物多样性研究的空白，为了保留住这些特殊的物种，以应对环境变化可能造成的物种灭绝，钟扬一直在与时间赛跑，走遍青藏高原收集各类种子。

　　他就像藏波罗花一样，16 年，在这片高原上顽强地绽放着自己的生命，为理想燃烧，鞠躬尽瘁。

　　西藏的天空，蓝得真切，空中的云朵，白得圣洁。来到日光倾城的拉萨，打开车窗，映入天空的湛蓝透彻，"英雄探寻者"陈辰踏上了钟扬走过的这条"种子之路"。与她同行的，是这次的"英雄演绎者"郭涛。

来到西藏之前，陈辰去往位于云南昆明的中国西南野生生物种质资源库，见到了蔚为壮观的亚克力种子标本墙，这里收藏了绝大部分钟扬在西藏采集的植物种子。陈辰拿出在西南种质资源库拍摄的照片，以及一些事先收集的资料，和一旁的郭涛讨论起钟扬的事迹和这些种子蕴含的强大力量。

途经布达拉宫，红白相间的雄伟宫殿耸立在如洗的碧空之下，深沉幽静且近乎透明的蓝，将红和白叠合得分外沉静肃穆，透出一缕摄人心魄的庄重与威严。这是世界上海拔最高的建筑，是西藏最庞大、最完整的古代宫堡建筑群，集宫殿、城堡和寺院于一体，如仙境般让每个来到西藏的人心驰神往。

窗外的风景一掠而过，令人心醉，但此行意不在此，并未多作停留。这时，陈辰拿出手机拨通了扎西次仁的电话，扎西表示现在正在野外和学生一起采种子。

扎西次仁是陈辰此次西藏之行要去拜访的第一个人。交流确定扎西的方位后，两人驱车前往墨竹工卡——位于拉萨河中上游的一个小县城，与这位钟扬培养的第一个藏族植物学博士会面。

1979 年，年仅 15 岁的钟扬考入中国科学技术大学少年班，五年之后从中国科大本科毕业。无线电电子学专业的他，因为研究和管理计算机人才的需要，被分配到了中国科学院武汉植物研究所。就是在这里，他渐渐辨清了事业的方向，从一个植物学的门外汉，到学习了解了植物学的大致面貌，以自己的计算机知识背景去探索植物学研究的新方法新领域，他立志拓展中国植物学研究的空白。

此后，他与妻子张晓艳一同前往美国深造，几年之后回到中科院武汉植物研究所，继续进行生物学研究工作。2000 年，36 岁的钟扬已经是中科院武汉植物研究所副所长，但在这一年他选择放弃职位，来到复旦大学任教，既是为当时复旦大学生态学学科建设的紧急需要，也是为了他心中的"教师梦"。别人说他"屈才"，钟扬只是浅浅一笑道："到哪里都一样干革命。"

钟扬西藏留念

　　一年之后，钟扬第一次来到西藏，被这里丰饶的植物资源深深震撼，他即刻意识到，这块丰饶而未经开垦的土地急切需要着自己。"作为国家重要的生态安全屏障，拥有丰富生物资源的西藏，由于种种原因并没有对国外完全开放，这几乎等于说，西藏是特定条件下留给我国科学家的一块研究宝地"，一个前所未有的决定在他心中酝酿。他能够想象，自己想要做的这项工作，必定存在多项阻扰甚至困苦不堪，但他毫不犹疑。正如他所说："研究生物的人当然应该去西藏，青藏高原有 2000 种特有植物，是每个生物学家都应该去的地方。"

　　终于，他申请成为了一名援藏教师，踏上了这片朝思暮想的土地，去追寻他遥远的梦想。

　　　　　　·

　　在海拔高度 4145 米的墨竹工卡县，云与山遥相呼应，蓝天仿佛触手可

钟扬和妻子张晓艳

及，五颜六色的经幡在风中呼呼作响，肆意飘扬。推开车门，陈辰被这猛烈的风一把攫住，有些不太适应。土地荒凉而无言，远远望去，山坡上蓝白红黄绿五种色彩的经幡格外亮眼，右边白塔矗立，令人心生敬畏。陈辰和郭涛与扎西次仁约定相见的地方，就是那白塔旁。

凛冽寒风迎面而来，陈辰将了将被风无情撕扯的头发，向上拉了拉衣襟，郭涛也忍不住裹紧外套。艰难行走中，两人不禁感慨，长年累月在这种环境下工作需要多大的坚忍和毅力。正说着，一阵狂风卷起黄沙，眼前一片迷蒙，空气浑浊不堪，慌乱之中陈辰赶紧戴上帽子，又一时没注意脚下的颠簸，差点摔了一跤，还好郭涛伸手扶了一把。稳了稳身子，继续跟跄行走，陈辰感到脑袋有些发胀，呼吸也急促起来，脚步越来越沉重。

郭涛饰演钟扬

终于来到白塔旁，见到了扎西次仁和他的学生们。听到陈辰的呼唤，扎西从工作中抬起头。阳光下，狂风中，他的笑容里有皱纹堆叠，却灿烂动人。曾为钟扬学生的他，现在已是西藏种质资源库主任，跟随着老师的步伐继续对西藏的独特物种进行盘点和收集。

一路艰难走来，看着满眼的灰黄沙地，郭涛产生了怀疑："在这样的荒原上能采到种子吗？"扎西次仁表示当然可以，并且告诉他们，这个季节的种子是最成熟的，采出来的质量比较高，而且有些植物必须在这个季节采。

恰逢扎西将要安排学生们采种子，陈辰和郭涛也来了兴致，请求加入一同前往。看着有些高原反应的陈辰，扎西不免担心，但陈辰已经跃跃欲试，坚持自己可以。就这样，一行人走向了苍茫无际的沙地与荆棘。

稀薄的空气，复杂的气候，西藏的极端环境，连探险家都视为畏途。对于久居内陆平原地区的钟扬，来到此地更是一场艰巨挑战。高原反应的表现差不多有 17 种，每一次进藏他都会遭遇几种，呼吸困难、头疼欲裂、流鼻血……但他说："科学研究嘛，本身就是对人类的挑战。"

当高原反应从身体里涌现，钟扬总是默不作声坚忍前行，直到学生们察觉他的动作越来越缓，脸色发白，举步维艰。他一再挑战身体的极限，付出自己的所有，让人感动，让人痛惜。钟扬曾踏上珠穆朗玛峰，从海拔 5200 米的大本营向 6000 米的山地挺进，当时出现严重的高原反应，一瘸一拐仍坚持上山，采集到了生长在世界上海拔最高之地的植物——雪莲，这也是中国植物学家采样的至高点。

他有攀登高峰的勇武和毅力，也有细水长流的持久如一。每天早晨天刚亮，钟扬就出发去野外考察，两个面包、一袋榨菜、一瓶矿泉水，简单的食物维持一天的基本需要，只为省出包里的更多空间来装野生植物采样。从藏北高原到藏南谷地，从阿里无人区到雅鲁藏布江边，到处都留下了钟扬忙碌的身影。不管多么危险，只要对研究有帮助，他总是欣然前往，毫不畏惧。

时光不负辛勤劳动者的脚步，回首十六年，钟扬自豪地说："我们已经收集的 4000 万颗种子里，涵盖了 4000 多个样本，估计有 1000 多个物种，占到了青藏高原的五分之一。"

对着眼前的一方植株，陈辰和郭涛有些不知所措，还好通过扎西次仁的指示和讲解，才知道要采的这个植物叫伊朗蒿，可以入药，具有消炎、止血等功效。第一次亲眼见到这种常年生长在砾质坡地和沙地的植物，似乎难以从小小的花叶里寻到种子，经过仔细观察，陈辰才发现种子原来就藏在那不起眼的小球里。明确了目标，不多久，大家都忙活起来。

采集种子的过程中，陈辰的高原反应加重，呼吸急促的她努力地适应着。

钟扬教授在野外采样

忽然，脚下被什么东西扎了一下，知道此行艰苦，陈辰特地穿了两条裤子，可还是没能挡住这名为鬼箭锦鸡儿的刺。扎西也说，这种植物很难对付，采集它的种子只能小心翼翼地用剪刀剪下来，再用镊子一根一根把刺拔掉。这些生长在高原上的植物往往多刺，扎西告诉大家，植物有了刺的保护可以防止被动物吃，经过自然选择，这类植物于是存活下来。"所以它们的价值在于，以后如果要绿化，这种植物是最适用于这样的环境的"。扎西还告诉大家，采种子需要适度规划，如果采得太多，会破坏生物多样性。

虽然身体不太适应，但陈辰和郭涛也在渐渐投入，在劳动的过程中感受到了种子的美妙和神奇，两人感慨似乎来到了一个新世界。

采集种子的任务终于完成，此时的陈辰已经有些喘不过气，郭涛也开始头疼，互相搀扶着行走，稍作休息。到了饭点，扎西表示因为返程的时间比较长，所以大家就地解决午餐。扎西与学生们从背包内拿出馒头、猪头肉、榨菜和黄瓜，招呼着陈辰与郭涛一起进餐。看着如此简单的食物，陈辰只能挑一根黄瓜吃起来。手拿又冷又硬的馒头，郭涛也艰难地咽下一口。一如既往的标配午餐，冰凉的食物和矿泉水，寒冬里亦是如此，对他们来说，能吃上饭已属不易。

野外考察，只有亲身经历、感同身受后才能更加明白这千难万险和说不尽的辛苦。听着扎西诉说老师钟扬的故事，陈辰与郭涛沉浸在其中。周围的学生有已经吃完了午餐的，正在收拾现场的装备和种子。

一拨拨的学子，一次次的远行，钟扬在用脚步丈量天路、拾取种子的同时，何尝不是在播撒科学的种子呢？说起钟扬的往事，扎西总是会下意识地看向他现在带领的这群学生，目光怅然而深邃，钟扬的经历深深地影响了扎西，让他如今仍在坚持着完成钟扬未竟的事业，同时也影响着其他更多的人。

许多无人问津的高原植物，经由钟扬的采撷而得以保存，并为人所知所用。他去了很多中国植物学家从未去过的地方，林芝、日喀则、阿里……从海拔6000多米的珠峰高地到雅鲁藏布江大峡谷，他什么地方都敢去，用生命行走于西藏的植物王国。

高寒环境和高压工作，极度消耗着钟扬的身体。他的心跳只有每分钟44下，黝黑的脸庞写满高原风吹日晒的痕迹。长期忍受高原的摧残，钟扬的身体终于扛不住了。2015年5月2日，这一天是钟扬51岁生日，也是这一天，钟扬突发脑溢血住院，在重症监护室的他，徘徊在生死线上。家人忧心忡忡，同事学生们也闻讯而来。幸好得到及时抢救，钟扬的身体逐渐恢复。医生嘱咐钟

陈辰、郭涛与扎西次仁一起采种子

陈辰、郭涛与扎西次仁

钟扬生前合影

扬，他的心脏、脑循环十分脆弱，要精心调养，不能再进藏工作，然而病床上的钟扬始终心有不甘。他说："14年的援藏生涯对我而言，既有跋山涉水、冒着生命危险的艰辛，也有人才育成、一举实现零的突破的欢欣，既有组织上给予的责任和荣誉为伴，也有窦性心律过缓和高血压等疾病相随。就我个人而言，我将矢志不渝地把余生献给西藏的建设事业。"

钟扬清楚地知道自己的身体状况，但比起西藏和种子，他不在乎。稍有好转，他又回到了心心念念的西藏。医生再三警告，亲友、同事都劝他终止援藏工作，不能拿自己的生命作赌注，而钟扬却再次向组织递交了请求继续前往西藏的第八批援藏申请书。

　　20 世纪 70 年代以来，全国各地来过不少援藏教师，都是一两年就回去。高原缺氧和极端气候、科研条件的不完善、物资的匮乏等，使得来过的人不久便急着离开。毕竟在这里，生活难以适应，研究不易开展，离开是人之常情。同样的，跟着钟扬来到西藏的内地学生，也都陆陆续续回去，钟扬逐渐意识到，需要一个由藏族本地人组成的稳定团队，一支既能采集种子，又能进行生物多样性研究的科研队伍。虽然我国从 20 世纪五六十年代就开始组织科考队考察各种极端环境下的生物资源，但是西藏一直没有本土的科研力量做这些事。是钟扬前所未有的行动和远见，为西藏培养了一批当地的采集生力军。

　　苦苦坚守 16 年，是为梦想，为心中的信念。钟扬曾被质疑，他所做的这一切是为什么，种子研究工程的意义何在。他目光坚定地说，也许现在做的这个研究，几十年甚至是上百年以后才能看见意义，但我们这是在为未来的人们保留希望，耕耘现在，播种未来。

　　2017 年 9 月 25 日，钟扬在去内蒙古讲课途中遭遇车祸，不幸逝世，年仅53 岁。

　　"任何生命都有其结束的一天，但我毫不畏惧。因为我的学生，会将科学探索之路延续；而我们采集的种子，也许在几百年后的某一天，生根，发芽，到那时，不知会完成多少人的梦想。"

　　　结束了采集种子的工作，陈辰和郭涛来到了西藏大学。在一间教室门口，透过玻璃看到正在上课的拉巴琼达，他是钟扬培养的一名藏族博士，如今是西藏大学理学院教授，延续了老师钟扬的教育事业。

　　　下课了，学生纷纷走出教室，陈辰和郭涛进门与拉巴琼达打招呼，接着坐在教室聊了起来。这间拉琼平时上课的教室，恰恰也是钟扬当年上课的地方。说起老师钟扬，拉琼说，种子是他的一生所求，他始终认为，一粒种子可以造福万千苍生。钟扬的梦想，从小小的种子着眼，望见空阔的

钟扬（郭涛饰）给学生讲课

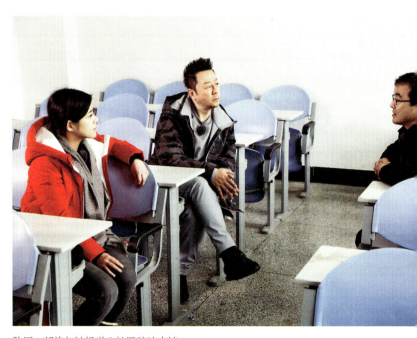

陈辰、郭涛与钟扬学生拉巴琼达交谈

世界和希望的未来。

钟扬曾对拉琼说，学生也是一粒种子，用心浇灌，就会生根发芽，开花结果。

钟扬一直在本科和硕士当中寻找继续能读博士的学生，这个团队需要十几个博士，才能够支撑起该学科建设。更重要的是，需要本地的藏族学生。因为这项研究主要聚焦青藏高原极端环境，比如海拔4000米以上的高山植物，从平原来的人几乎不可能做到长期坚持，而从小成长在这里的藏族学生更能做到。"我们遇到的一个困难就是，藏族学生本科毕业以后，绝大多数不想读研究生，他们的头等大事是找工作"，拉琼告诉陈辰和郭涛，这里的很多学生来自农村，认为再读硕士三年，读博士又至少要三四年，花费这么多时间并不值得。

当年拉巴琼达也面临这个抉择，放弃了在国外读博的机会，硕士毕业的他回国打算找工作，就是在那个时候，认识了钟扬，这个改变了他人生轨迹的人。

在钟扬到来之前，西藏大学在植物学研究这一块几乎是个空白。守着西藏这块宝贵的资源库，但是却没有人来做这个事。因为在大多数学生眼里，一毕业就是想找一份稳定的工作，基本没人会想继续读书甚至投入科研。钟扬来到西藏，进入西藏大学之后，就立刻发现了这个问题，并且马上就行动了起来，这一动就是十几年。他帮助西藏大学创造了一个又一个"第一"：申请到了西藏第一个理学博士点，为藏族培养了博士，带出了西藏第一个生物学教育部创新团队，带领西藏大学生态学科入选国家"双一流"学科建设名单，为西藏生态学的未来发展奠定了坚实基础。如果没有钟扬，或许将不会看到如今的扎西次仁、拉巴琼达等优秀的种子研究传承者，如今西藏大学的课堂里，或许不会有人在讲述种子的故事，也不会有这一批批走入种子研究之路的学生们。

　　一般情况往往是学生央求老师收自己当学生，钟扬却恰恰相反，他是一个追着别人当自己学生的人。当钟扬遇到拉巴琼达，就像看到了珍宝，他常常对拉琼说："你基础这么好，如果再好好深造一下，在学术上一定会有所成就。"对此，拉琼喜不自禁，却又难免陷入沉默，这些道理他懂，这样的好机会他也想珍惜，但刚从国外读完硕士回来的他，孩子也还小，他需要一份稳定的收入来支撑家庭。在绝大多数藏族人眼中，拉琼当时这样的学问已经"顶了天"，再要读博士，家里人也很难答应。对于拉琼的犹豫，钟扬替他着急，一再催促，这一催就是三年。

　　钟扬希望打造一种高端人才培养的援藏新模式，对培养藏族学生有着特殊的热情。他看到藏族学生对孕育自己的高原大地的淳朴热爱，相信这种热爱会让藏族学生们成为西藏科学事业的建设者。最终耐不住钟扬的反复劝说，拉琼继续深造，博士毕业的他，现在已经是西藏大学理学院生态学专业的博士生导师。

　　钟扬深知，"没有持久的热情和长期的投入做不出事情，学术援藏要从培养高端人才做起，着眼学科建设，盘活人才培养一盘棋。这样，才能改变西藏高等教育的状况。"一个学生培养出来，钟扬又开始寻找下一个，他用持久的热情和长期的投入，影响了一个又一个热心于研究并投身西藏大地的学生。

　　钟扬曾经说过："教师是我最在意的身份。"教书育人，培养藏族学生是钟杨生命的一个重心，他对学生的关照也是多方面的，对教育的投入是无限慷慨的。为帮助西藏大学的学生开阔视野，钟扬私人出资发起了"西藏大学学生走出雪域看内地"活动，组织了80多个西藏大学学生赴上海学习。面对西藏大学老师申报国家级项目没经验、不敢报、没人报的现象，他不仅帮老师们义务修改项目申请书，还提供申报补助。只要是藏大老师申报项目，无论是否成功，他都补助两千元，用于支付申报过程中产生的费用。藏族地区的经济不是很发达，有些学生家里条件不太好，钟扬一旦发现他的学生因经济方面的原因耽误

钟扬与学生扎西次仁合影

学习，他总会想方设法帮助这些学生。作为一个普通的教育工作者，钟扬本身收入不高，但是他对学生从来没有吝啬过，他甚至还会自己贴钱买试验的设备和试验用的材料。在钟扬来之前，很多试验是学生闻所未闻的。

钟扬去世后，大家发现他办公室的抽屉里塞满了各种各样的发票，很多是他的学生在他那里报了账领了钱，而钟扬就自掏腰包了。他一生勤俭节约，淡泊名利，却总是尽其所能把最好的给学生，他不在乎自己，对别人却倾尽所有。

离开教室，拉巴琼达带着陈辰和郭涛，来到了钟扬的宿舍。钟扬在西藏的这个小窝，拉琼以前也常来，因为钟扬喜欢叫上学生来家里，亲自下厨给大家吃，他特别享受看着别人吃自己做的菜的样子。走进厨房可以看到，各种调料整齐摆放。拉琼说，钟扬老师是一个十分热爱生活的人，他最拿手的菜是辣椒炒肉和红烧茄子，味道很不错的。过去拉琼经常来这里蹭饭吃，在吃饭的时候，钟扬乐于分享他之前的一些有趣经历，无论是学术见闻还是生活逸事。他单口相声一样的幽默与亲切，让大家吃得津津有味的同时，也听得兴致勃勃。

钟扬的卧室不大，陈设简单，一张床，一个衣柜，一把椅子和一张桌子。桌上摆放着两张照片，一张是2011年去珠穆朗玛峰寻找生长在6000米海拔的高原植物时，钟扬和当地的藏族同胞在路边随意拍的一张照，另外一张是钟扬、扎西和拉琼的三人合影，脚下是灰黄沙石之地，远处可以看到珠穆朗玛峰。打开衣柜，零散地挂着几件旧旧的衣服。拉琼指着一件普通的牛仔外套，说道："这件衣服都成了经典了，穿了无数次，很多个镜头里他都是穿的这件衣服"。这时他又从柜子里找到钟扬常年戴的帽子，这也是钟扬的"标志性搭配"，刚刚看到的照片里他头上戴的就是这顶帽子。拉琼告诉陈辰和郭涛，钟老师对衣服的要求很简单，不追求档次，不讲究品牌。他常年穿的一条牛仔裤是在拉萨地摊上买的，只花了29元。"刚开

钟扬与藏族孩子们

始我还觉得，一个上海来的大教授，怎么如此小气"，后来才知道，钟扬只是对自己随意打发，将所有的注意力投入工作。有一次拉琼实在看不下去这身破掉的衣服，悄悄提醒钟扬，他只是笑着连连说"没事，不要紧"。看着牛仔裤上磨破的洞和好几处补丁，陈辰和郭涛心疼又敬佩，无限感慨。

牛仔裤，格子衫，都是最普通的款式，钟扬从不讲究穿什么，除了一套藏装。他对藏装的喜爱，好比他每次一说起西藏就眼睛放光。穿上藏装的钟扬像个小孩一样会兴奋得手舞足蹈，去布达拉宫前拍照。黑红的脸庞，壮实的肩膀，照片里身穿藏装的钟扬，俨然一个西藏本地人。

白墙上有一幅藏波罗花的照片，这是钟扬生前最爱的植物，贫瘠之地上的顽强生命。钟扬曾告诉拉琼，我们应该像它一样，在青藏高原的极端环境下扎根。

　　钟扬这一生做了太多事情，他用 50 余年完成了别人就算 100 年也难做到的许多事。从上海到西藏，从高原上的科研到大众间的科普；他是复旦大学研究生院院长和生命科学学院教授，他是主动前往西藏的中央组织部第六、七、八批援藏干部，他还是上海科技馆学术委员会委员。

　　钟扬忙碌的生活里，总是多项工作并联。他努力完善复旦大学研究生院的培养方式，并致力于课程改革的推进；他用持续努力和西藏大学同仁的共同奋斗，让藏大的生态学学科大踏步前进；他在海边的荒滩上种植红树林，给了上海一个童话般的红树林之梦；他在昆明的中国西南野生生物种质资源库存下一颗又一颗种子的希望；他找到拯救濒危植物巨柏的可持续生长之道，用西藏柏木来维护藏香文化的传统；他攀登到中国植物学家采样的最高点，在西藏无人区找到一种高山雪莲——鼠麹雪兔子；他让西藏的拟南芥灿烂开放在世界各地；每年，钟扬要进行约 30 场公益科普讲座，还会定期给中学生讲植物的科普故事。

　　他是一名植物学家，一个极地种子采集者，也是一位学科带头人，一位知识的布道者。

　　在机场，在路上，在高山砾石间，在人群簇拥处。钟扬的生活像旋转陀螺般，不知疲惫地四处奔波劳作，他永远在和时间赛跑。每天只睡三四个小时，晚上加班到凌晨，又于拂晓时分，匆忙上路启程。钟扬是名副其实的"工作狂"，他高效地投入工作，最大限度地提高工作技能，珍惜每一块时间的碎片，即便如此，他还是忙不过来，只能压榨自己的睡眠时间。

　　钟扬办公室的灯总是亮到很晚很晚。生病住院的那个晚上，凌晨 3 点，他的手机忽然响起，守护在旁的学生大为惊讶。这不是谁打来的电话，而是钟扬用来提醒自己睡觉的闹钟。他总是用那么多时间做那么多事情，让所有人都望尘莫及。

钟扬在上海科技馆科普大讲坛上演讲

　　对工作的过度投入，使得钟扬的心中对家庭有着许多亏欠。他一面亏欠着自己的家庭，一面又用自己的所有在为西藏的科研和教育事业做着贡献。

　　钟扬为西藏的科研和教育事业做了太多太多，几乎奉献了自己的一切。而他对于家庭似乎做得太少，甚至可以说是缺失的。可以想象得到，钟扬教授为了事业和工作，没有能照顾到家庭，那作为他的妻子，肯定就承担起了这份重任。都说女人是以家庭为重，但作为一个女人，陈辰难以想象，钟扬的妻子在这样的情况下是如何撑起这个家的。于是，她来到了上海复旦大学教师宿舍，见见钟扬背后的女人——张晓艳。

　　与钟扬相识、相爱、相守33年的张晓艳，是同济大学一名教授。和丈夫一样，她现在也在培养希望的种子。因孩子、老人的牵绊，她一直没有机会去西藏。此次探访，刚从西藏过来的陈辰，给张晓艳带来了钟扬的学生和朋友们对她的视频问候。西藏种质资源库的扎西次仁、由钟扬培养的第一个藏族女博士德吉、云南大学的耿宇鹏、西藏大学的赵宁……他们用一双双真挚的眼睛，朴实诚恳的语言，表达了对张晓艳的关切和祝福。"我们都是您的家人"，听到这句话，张晓艳泛红的眼睛终于没忍住泪水泉涌，她从心底里感谢这些可爱的学生，陪伴着钟扬共同去实现梦想。

她理解钟扬对西藏深入骨髓的爱，对种子事业建设的决心和责任感。"钟扬对我说，他心里有一个很大的梦想，梦想都是需要付出心血，付出牺牲的。对孩子的培养和付出，钟扬虽然留下了永远的遗憾，但是他这样做，并不是逃避父亲的责任，而是为复旦，为西藏，为国家培养了更多人，那也是他的责任，更大的责任。"在张晓艳的心中，钟扬永不远去，他们的心始终紧靠一起。

钟扬有一对双胞胎儿子，一个叫云杉，一个叫云实。云杉是裸子植物，云实是被子植物，象征着钟扬对植物的热爱。但对孩子所能做的，钟扬总是心有余而力不足。

孩子出生时，钟扬正在外地参加一个项目申请讨论会，因此错过了孩子出生的第一时间，当他凌晨2点多赶到医院，看着躺在床上的张晓艳，眼神怜爱而愧疚。两个孩子早产，刚生下来只有4斤，从小身体也不是很好，云杉还有过哮喘，根本不能离人。钟扬无休无止的工作，使得照顾孩子的重担都落在了张晓艳的身上，尽管张晓艳毫无怨言，但钟扬知道妻子的辛苦，满怀歉意的他，曾对张晓艳许诺说"孩子15岁以前，你就多管一点，15岁以后交给我来管"。

突然听到钟扬车祸去世的消息，张晓艳还来不及过多悲痛，她立刻想到孩子怎么办、老人怎么办，怎么跟他们讲这个事情。而她自己，只能选择坚强。

对钟扬的离开，张晓艳一开始并没有和大儿子云杉讲得很具体，后来他自己在网络上看到铺天盖地的关于爸爸的消息，流着泪的孩子写下"爸爸，我们还没长大，你怎么敢走"。

当时每个碰到张晓艳的人说的第一句话就是"张老师你一定要坚强"。其实谁愿意选择坚强呢？可是现在面临的情况，上面四个老人，下面两个孩子，"如果我不选择坚强，如果我倒下了，他们怎么办？"张晓艳知道，纵使内心悲不自胜，她不能倒下，她必须坚强。

钟扬走了，但有着更多的人踏上他坚持几十年在探寻的这条路，完成钟扬生前的心愿，这让张晓艳感到欣慰。她知道，虽然艰苦，但他的内心一定是充实而快乐的。回首与钟扬相伴的每一天，有太多太多美好的回忆。

钟扬去世之后，张晓艳来到钟扬的办公室整理丈夫遗物，看着办公桌上满满的报告、图表、项目申请等各种文件，仿佛看见钟扬往日的忙碌，看到他奋斗终生的梦想。钟扬的事业还在途中，西藏大学、复旦大学的师生正在继续他的遗志。张晓艳和钟扬父母商量之后决定，将钟扬的车祸赔偿金全部捐出来，成立"复旦大学钟扬教授基金"，用于支持国家的教育事业，尤其是西部少数民族地区的人才培养工作。她代表全家说："这也是钟扬希望看到的。"钟扬的一生牵挂，也是张晓艳的心之所系。

雅鲁藏布江边，山风劲吹，蓝天白云下，五彩经幡在大地与苍穹之间飘荡摇曳，连地接天，刺骨的寒风凛冽地吹着，江边万木凋零，江水静静地流淌，雄鹰在天空中盘旋。

陈辰、郭涛、扎西、拉琼、德吉等人站在江边，神色凝重。扎西告诉陈辰，雅鲁藏布江便是当时撒下钟扬老师骨灰的地方，钟扬老师生前热爱着这片土地，逝世后也与这片土地融在一起。双手献上洁白的哈达，这一刻，他们都控制不了自己的情绪，眼角湿润。

拉琼说："有一次梦见钟老师，梦中他很坚定地说，我以后哪儿都不去，就在拉萨住下了。"大家驻足良久，静静望着江面。钟扬的足迹，每一步都踏在国家科研和教育需要填补的空白上。他几乎把所有都奉献在了这里，现在钟扬已经与这片土地融在了一起，他其实就是一颗种子，在祖国的雪域高原扎下深深的根。

"世上多少玲珑的花儿，出没于雕梁画栋，唯有那孤

陈辰、郭涛与学生们向钟扬致敬

傲的藏波罗花，在高山砾石间绽放。"学生们朗诵着这首藏族民谣，声音在江边回荡，雄鹰在空中翱翔。此时的众人，站在江边，望着远方，也许那也是钟扬对着他们的方向。

美丽的藏波罗花，不畏高寒，海拔越高，越肆意生长，温度越低，越绚烂盛开。钟扬的一生，不是在西藏，就是在去西藏的路上，收集种子，播撒希望。

《藏波罗花》是钟扬最喜欢的一首藏语诗歌，钟扬生前经常带着学生朗诵这首诗，他说藏波罗花就像自己，只有在苦寒之地才有生长的空间、绽放的价值，而这种精神也一直引领着钟扬的学生们。从一缕清香找到一朵花，从一只飞鸟找到一片蓝天，从一棵植物找到一个生命，这样的追索更像是一场薪火相传的交接。

深深扎根西藏 16 年，钟扬把生命最宝贵的时光，献给了祖国最需要的地方，填补了西藏高等教育的系列空白，放飞了他们的科研梦想。钟扬是伫立在雪域高原的精神坐标，留下了震撼人心的精神力量。

他的高远情怀让人敬佩，他的伟大成就让人瞻仰，他朴素而坚忍，是这个时代最稀缺的那种人。他甘于奉献，衷心不移，他是执着的追梦人。

"不是杰出者才善梦，而是善梦者才杰出"，钟扬说，"我曾经有过许多梦想，那些梦想都在遥远的地方，为了那些梦想，我独自远航"。

当集编剧：查雨靓等

编辑：陈金枝

制片人手记。

永不消失的坐标

人生通常有两条路，
用心走的那条，叫做梦想；
用脚走的那条，叫做现实。
当理想照进现实，
剩下的只有坚持。
我们可能跑不赢时间，
但我们一定能跑过昨天的自己。

前面的话

在正式启动钟扬教授这集之前，我就已经听过、看过许多关于钟扬教授的故事和资料。我担心不能超越之前的各种报道对钟教授的认知，或者最后我们只交出了一份七八十分的答卷，那就反而弱化了钟扬教授一生的精彩。但后来一想，我们还是要做！一来导演组坚定地认为钟教授是我国生物科学领域杰出的科学家，为我国的科研作出了巨大的贡献，是《闪亮的名字》中绝对不可或缺的一员；二来我自己也坚信，以我们的赤诚和对英雄的信念，一定能看到、发掘出更多英雄生前的闪光瞬间。

所谓"精诚所至，金石为开"，亦复如是。

钟扬生前照

追梦赤子心

钟扬教授的这期节目，于我，是从好几个疑问中开始的。

他是怎样从计算机专业人才变身为生物学家？在"时代楷模"称号的背后，钟扬教授究竟是怎样一个人？最让我疑惑的是，在西藏这样一个高海拔的地方，高原反应加上并不优越的环境，如何让一个人彻底爱上它，甚至痴迷到"戒不掉它"的？

直到我来到西藏，和郭涛一起跟着扎西老师采摘种子的时候，我突然有些明白了。

当我在采摘植物种子的那刻，看着手上的种子和空中飞舞的絮，我仿佛进入到了另一个世界，一个非常神秘有趣又干净的世界。那一刻，我体会到钟扬所做的一切，他所谓的"戒不掉西藏"，是有理由的。那是这片土地给他带来的滋养，是没

钟扬在西藏采集种子

有投入到这里的很多人所无法感受到的，是只有内心纯净的人才能感受到的，来自纯净大自然的美，是自然和天地的美。

也是，只有心无挂碍，一心向前的人才能有这样的觉悟吧。

16 年间，他用这份觉悟行走在西藏的山川河流，寻找每一颗种子，和他的学生将全世界仅存于西藏的三万多棵巨柏——登记在册。

他们在西藏的"无人区"寻获了有着"植物界小白鼠"称号的模式生物拟南芥。

钟扬曾说，拟南芥在植物学界是真正的"希望的种子"。

在钟扬去西藏之前，西藏大学的生态学几乎是空白，而当我们去探访的时候，生态学已经是藏大唯一的世界一流学科。

有一幢专门给这个学科使用的教学楼正在建设中。

现在钟扬带出的两个博士生，一个就是目前这个学科的带头人，另一个在主导西藏种质库的建设和运营，全部延续了钟扬生前的工作。相信他们也会继续延续钟扬生前的梦想，让全国每一个少数民族，都拥有至少一名博士生。

这是钟扬用一颗赤子的心，一生都在播种的种子。

忘我者，无畏

在西藏拍摄的后期，我们在雅鲁藏布江边有一个纪念仪式。那里，曾撒下钟扬的骨灰。

当地人对于生死这个问题看得特别淡，钟扬也是这样。这也可能是他喜欢西藏的另一个原因，超然，脱俗。

但我觉得，他真的是一个大成就者。

所以在西藏寻访的整个过程中，你感受不到太多的悲伤，而是不断地赞叹一个人是如何能从无到有做出这么多的成就。

钟扬和他周围的人不断地在刷新着我的认知，或者说是在提升我的认知。这其中也包括她的爱人，张晓艳。

采访张晓艳时她特别平静。

一开始我觉得采访她是一件很难的事情，因为约了好几次都没约着。后来终于约着的时候，我倒有些担心，怕这次采访再一次揭开她内心的疮疤。

但出乎意料的是，她最终接受了。

面对张晓艳的时候，她反而比我显得更平静。很多时候我甚至忍不住要流泪，我觉得面对这种突如其来的灾难，一般人是很难承受的。他们的两个双胞

钟扬和妻子张晓艳

钟扬教授在西藏

胎儿子曾经特别气愤地说"你不应该走"。而张晓艳在说出这些事的时候却是非常淡定的，一直到很平静地完成了所有的采访。

这样的平静或许是来自对钟扬的了解，但我觉得多多少少也有一点作为妻子的"不可不为"。爱上一个愿为科学献身的人，她必须坚强，而且她别无选择，她只能坚强。

钟扬这一辈子做了别人三辈子才能做的事情。

就像妻子说的，别看他这么辛苦，他看到的是远处的高峰，对于眼下的山丘，他觉得都不是事儿。在他的眼里从来没有难办的事儿，从来没有过不去的坎。

这样的一个人，让你深深的崇敬。但同时，他又有一份难得的质朴和单纯的可爱，非常真实。

他的属下、他的学生曾经在精神上、学术上，都很敬仰，甚至依赖他。即使他离去很久，他们有时候仍会在内心与他对话，尤其是遇到难题的时候。对于他们来说，与其说钟扬是他们的老师，不如说他是他们的人生坐标。

永远活在他们心里，指引他们未来的方向。

曹鹏

——用音乐温暖城市的指挥家

音乐对于人类的意义是什么？

日本曾有一部长篇动画片，讲述未来世界，外星人入侵地球，结果被一个少女的歌声打动，最后两个星球因为音乐停止了战火，和平宁静地共同生活在地球上。

或许从现代人的逻辑来看，这样的故事情节着实有些胡扯。但无法否认的是，这部名为《太空堡垒》（或者《超时空要塞》）的动画片在 20 世纪八九十年代征服了世界上数千万青少年的心。

看过那部动画片的人，现在大多已为人父母，甚至拥有了第三代。当初片中的故事情节或许早已遗忘，但是，"音乐能够改变人生、改变世界"这一信念却已经牢牢地根植在他们的心中。

这次故事的主人公，相信他一定没有看过那部动画片。但他却用自己的实际行动，在日常生活中践行着用音乐改变人生、改变世界的崇高信念。

他，就是中国著名指挥家——曹鹏。

2018 年 2 月 20 日，在意大利罗马机场，上演了一场即兴音乐"快闪"。

当时，一架飞往上海的班机延误，许多归国心切的中国乘客焦急地等待着航班起飞的讯息。就在这时，上海城市交响乐团的乐手们在征得管理人员的同意后，纷纷拿起了随身携带的乐器，现场演奏了一曲《我的祖国》。

突然而至的来自故乡的乐曲抚慰了人们等待的焦虑，也让身在他乡的中国人，感受到了祖国的温暖；更令人意想不

曹鹏家中的 CD "墙"

到的是，好奇的旅客用手机将这场即兴演奏记录了下来，并且上传互联网，在国内外网络社交平台获赞无数。

在现场，有一位身着黑色风衣的老人坐在轮椅上，极有感情地挥动双臂，指挥着乐手们奏完了这曲美妙的音乐。他正是已经94岁高龄的中国一级指挥家——曹鹏先生。

一首《我的祖国》，不仅让国人感受到了曹老的爱国情怀，也让陈辰对这位老人产生了极大的兴趣。是什么让他在别人已经颐养天年的年纪，依然站在指挥台上，用音乐去感动所有人？

带着这些问题，陈辰驱车来到了曹鹏的家中，登门拜访这位耄耋之年的著名音乐家。

　　见面的第一印象，在曹鹏的身上丝毫让人感觉不到中国著名指挥家的"霸气"。穿着西装、打着领带的他亲自为陈辰开门。陈辰提出先换鞋再进屋，曹老却说："不用不用，我们家不用换鞋。"

　　一进屋，他便带陈辰参观二楼的工作室。走在狭窄的楼梯上，陈辰担心曹老腿脚不便，想去搀扶一把，可曹老的步态却没有丝毫蹒跚——94岁高龄依然住在上下层的复式公寓，曹老的腿脚甚至比好些七八十岁的老人更加轻便。

　　房间里，一面贴满了日程表的白墙引起了陈辰的注意。"我把日程安排都记下来了，你看，12月排得满满的。而且没有周末，礼拜六礼拜天全是满的。"

　　顺着曹鹏手指的方向，陈辰凑近细看，几乎每一天的方格里都记录着行程。最忙的一天是12月28日，密密麻麻的日程安排占据了两个格子的空间——上午朋友到访，下午2点南模中学排练，下午5点上海大学排练。为了避免遗漏，曹老还特地在边上空白处写着"注意带乐谱"。

　　除了采访当月，2018年12月的日程表，墙上还贴着2019年1月、2月、3月三张日程表。在这三张表上，同样也已经写上了不少工作预约。如此忙碌的日程安排，恐怕连时下的青年白领，都要甘拜下风了。

　　沿着走道再往里走，才是曹鹏的工作室。

　　工作室的面积并不算小，可人走进去却连个转身的空间都没有。靠墙的书橱、书柜里摆满了书籍和乐谱，桌子、椅子、柜子上同样堆满了音乐资料，每一摞都有近一米高——而在两年前，中央电视台《音乐人生》栏目组采访他时，工作室看上去还是挺"宽敞"的。

　　还有一堵墙上挂着帘子，乍一看仿佛是一排窗户，可帘子拉开一看，放着整整一墙的CD专辑。为了方便检索，曹鹏细心地给每一张CD都编了号。

"不编号搞不清楚啊！哎呀，资料多得简直没办法……"可抱怨归抱怨，曹鹏心里也清楚，自己那么忙，是肯定抽不出时间来整理这些资料的。于是，只好任由它们如山般越堆越高，如林般越长越密了。

在工作室的一个角落，放着一个小小的相框。相框里插着一张白纸，上面写着一行小字。与墙上挂的那几幅大照片相比，这个相框毫不起眼。"这是我夫人为我写的——'甘为交响牛'。"曹鹏特意向陈辰介绍说。

书以明志。相信曹夫人的字，不仅是对曹鹏94年来人生经历的生动总结，更是对他精神追求的高度赞誉。

曹鹏，1925年出生于江苏省江阴市，当时父母给他取了一个儒雅的名字，叫"曹灿蕴"。

在小学3年级的时候，他就在当地举办的音乐比赛中获得全县第一名，展现出了很强的音乐天赋。随后他考入南菁中学，得到了音乐名师胡森林的重点培养。当时整个江阴的中学只有一台钢琴，老师把琴房的钥匙交给他，正是这把钥匙开启了他的音乐之门。

然而，乱世没有给曹灿蕴一个良好的学习音乐的环境。1937年，抗战全面爆发。12月2日，在顽强抵抗了整整四个月后，江阴会战以国军失利而告终，作为长江口战略要塞的江阴沦陷。

面对日寇的奴化教育，少年曹灿蕴用自己的行动捍卫中国人的尊严。学校开设日语课，他坚持不学；日语会考，他和几个小伙伴一起交白卷，最后带动全班一起抵制考试。勃然大怒的日军来学校兴师问罪，逼大家说出谁是带头人。面对刺刀的威吓，没有一个学生害怕屈服，什么都问不出来的日寇只得悻悻而归。

在与日本侵略者的奴化教育做斗争的过程中，曹灿蕴结识了许多爱国音乐家、革命进步人士，并跟随他们参加了许多抗日救亡宣传活动——出壁报、发传单、举办集会、唱爱国歌曲，用这样的方式号召大家不做"亡国奴"，抵抗侵略者。

在宣传抗日的过程中，好多次曹灿蕴都险些丧命。有一次他跟着游击队在江阴城附近的石桥上贴标语，一个小脚老奶奶突然冲过来，拉着他就跑。"日本兵就在桥对面，你赶紧跟我逃。"老奶奶不顾危险，把他藏进自己家中，又让他从后门离开，赶紧与部队会合。

生与死的考验并没有令曹灿蕴惧怕，相反，更加坚定了他献身革命的信念与决心。1944 年，在地下党员的帮助下，年仅 19 岁的他离开家乡江阴，涉险穿越日军封锁线，渡江来到苏北解放区，投奔中国共产党领导的新四军，成为了政工队的一名宣传员。

加入新四军的第一件事，就是要立即改名——当时特务猖獗，曹灿蕴的家人依然在日占区生活，一旦被发现曹家有人参加了抗日部队，势必使自己的亲人受到牵连。当时的曹灿蕴想都来不及想，头脑中蹦出了一个"鹏"字，就把自己的名字改成了"曹鹏"。

在那之后，曹鹏就全身心地投入到革命事业中去。艰苦的岁月锻炼了曹鹏的意志，更加坚定了他的革命信仰。同时，组织对他的关注与培养更令他再一次获得了学习音乐的机会。

1946 年 7 月，曹鹏光荣加入中国共产党。随后，他被组织推荐进入华中建设

加入新四军后的曹鹏

大学、山东大学学习音乐。在他的档案袋里，有一份政工队队长林路写的证明："曹鹏同志很有音乐天赋，希各级领导注意培养。"这份证明庇荫着曹鹏在学习音乐的道路上一路畅行，最终成为了一名指挥家。

1949 年，曹鹏跟着陈毅元帅的部队进驻上海。由于具备音乐特长，解放后部队立刻安排他转业进入上海电影厂工作，录配了《智取威虎山》等电影的音乐。1952 年，他又被调入中国电影乐团，录配了《龙须沟》等几十部电影音乐。

1954 年，文化部计划选派一批优秀音乐工作者赴莫斯科留学。经过严格的考核，曹鹏脱颖而出，获得了前往莫斯科音乐学院学习的宝贵机会。从 1955 年到 1961 年，长达 6 年的留学经历成为了曹鹏艺术生涯的转折点，更对他未来的人生走向构成了重要的影响。

在莫斯科，曹鹏师从著名指挥家、莫斯科音乐学院指挥系主任列·金兹布尔克教授。无论在课堂上还是生活中，这位音乐大师都如同慈父一般地关心着曹鹏的成长。得知曹鹏没钱买乐谱，金兹布尔克把自己的谱子送给曹鹏。这本珍贵的乐谱至今仍保存在曹鹏家中。

金兹布尔克指挥音乐会之前，会让曹鹏去他家里帮他整理乐谱。说是帮忙，其实是让曹鹏看他如何工作，怎样准备乐谱。看着大师手里一份份详尽细致的总谱、分谱，以及手写在谱子上密密麻麻的备注，曹鹏深深地被他对待音乐严肃严谨、精细全面的精神所折服。直到今天，曹鹏一直继承着 60 年前从莫斯科学得的工作传统，在中国的土地上将恩师的音乐理念发扬光大。

在莫斯科留学期间，曹鹏一直有一个强烈的愿望——希望能在欧洲的土地上演奏中国的音乐作品。归国前夕，他把这个想法告诉了金兹布尔克，并得到了他极大的赞赏。金兹布尔克建议以中华人民共和国成立 10 周年为主题，在莫斯科举办一次中国交响乐作品专场音乐会。

作为首场在国外演出的中国交响乐作品专场音乐会，演出通过莫斯科电台向全世界进行了转播，曹鹏的指挥也得到了大家的认可。音乐会的第一首曲

在莫斯科学习时的曹鹏

子——《梁山伯与祝英台》被电台作为永久保留版收藏。这也是这部来自中国的小提琴协奏曲第一次在国际舞台演奏。

6 年留学经历不仅提升了曹鹏在音乐领域的专业能力，更重要的是，让他深切感受到了音乐在提升人类素养、民族精神方面的巨大影响力。在苏联，他亲眼见证了有音乐传统的国家如何让艺术扎根于孩子的心灵，并浸润进整个国家的精神文化之中。这种因音乐熏陶而形成的文化力量能够战胜一切逆境与磨难。

就像曹鹏的一位莫斯科朋友对他讲的那个故事那样：在1991 年苏联解体的当天，莫斯科超市的货架上一个面包都没有了，但剧场里却依然坐满了人。他们在听马勒的第五交响曲。音乐会结束，观众全场起立，热烈地鼓掌，掌声久久不停。当时，那位朋友就流下了眼泪，他相信："文化是俄罗斯民族的根，只要根依然坚挺，民族就将无所畏惧。"

1961 年，曹鹏学成回国，受聘为上海交响乐团的常任指挥。尽管手中执掌着中国最高水平的交响乐团，但曹鹏的双眼依旧关注着绝大多数普通的老百姓。他像是个"音乐传教士"一样，带着乐团下机关、下工厂、进部队、进校园，用最为浅显易懂的方式宣传交响乐、普及交响乐，引领大家共同感受音乐的魅力，用音乐提升国民的素质。

曹鹏有一句名言——学音乐的人不太会学坏。

"我在报纸上有看到一个贪污的，我一看，不是学音乐的。学音乐的人，心情总会平静一点，不太会贪污。"为了用音乐来改变社会，他频繁奔波于不同的企事业单位，宣传普及音乐文化。按他的话说，退休前为一个单位服务，退休后为所有单位服务。

他给公务员讲交响乐，给企业职工讲交响乐；交通大学请他指挥交响乐团，他去；南模中学请他指挥交响乐团，他也去；乃至小学、幼儿园邀请他，他都去。只要能有机会宣传音乐、普及文化，他一概欣然前往，从不计较报酬。

就像他的另一句名言——"趁我曹鹏还做得动，你们赶紧用"。

2000 年，75 岁的曹鹏正式从上海交响乐团退休。可是，离开了工作单位的他却并没有离开工作岗位。1994 年开始担任的上海市中学生交响乐团（上海南洋模范中学交响乐团）首席指挥的工作他没有退，1997 年开始担任的上海市大学生交响乐团（上海交通大学交响乐团）首席指挥的工作他也没有退。不仅如此，在曹鹏 80 岁的时候，他做出了一个令他人无法想象的决定：成立一支全部由音乐爱好者组成的非职业交响乐团——上海城市交响乐团。

在那之后的 10 多年里，每周三晚曹鹏都会来到中福会少年宫的排练大

曹鹏与城市交响乐团一起排练

厅，指导城市交响乐团的乐手们。究竟这个乐团有着什么
样的魅力，能够让曹鹏在耄耋之年坚持十余载而不舍离开
呢？当晚7点，陈辰来到了城市交响乐团的排练现场，一
探究竟。

排练厅外，曹鹏的外孙石渡丹尔等待着陈辰的到来。
石渡介绍说："交响乐团的排练每周三一次，7点到9点，
或者7点半到9点半，从不停歇。团结了众多的音乐爱好
者，从城市的四面八方赶来——最远的，甚至是从苏州坐
火车来参加。"

排练厅里，曹鹏正在认真地指导乐手。讲解时，他坐
在指挥台的吧椅上，气息饱满、声音响亮、思路清晰；演

奏时，他全程站立指挥，动作迅疾准确、刚劲有力。曹鹏曾说自己一上台就变成49岁了，可看他2个小时精力充沛的排练，49岁的中年人真未必得过。

排练结束，几十位参加排练的乐手共同用跺脚的方式向曹鹏致谢——这是在交响乐舞台上乐手们十分常见的一种"鼓掌"方式。刚刚经历了一场"强体力运动"的曹鹏有些气喘，在担任乐团首席小提琴手的女儿夏小曹的搀扶下，他缓缓走下指挥台，从墙边拿出一把折椅，坐在上面缓一口气。收拾完乐器的乐手们陆续离开排练厅，准备回家。走过曹鹏身旁，每个人都不忘与他打个招呼——或是挥手，或是握手，或是击掌，每个人都用自己的方式表达着对曹鹏的感谢与喜爱。

接着，曹鹏的两个女儿曹小夏、夏小曹，与外孙一起，向陈辰讲述了城市交响乐团成立背后的故事。

那是2005年的一个晚上，曹鹏家里召开了一次家庭会议。出席者包括曹鹏、曹鹏的夫人夏辉玲、曹鹏的女儿曹小夏和夏小曹、曹鹏的外孙石渡丹尔。

会上，曹鹏第一次向家人提出了成立上海城市交响乐团的想法。关于这件事，其实大家心里都赞成，但考虑到曹鹏的年纪，便马上就有了反对的理由。开先河地成立一支民间交响乐团，势必要承受繁重的工作和巨大的精神压力，这哪是一个80岁的老人能够负担的！

然而，曹鹏却依然坚持自己的打算："这些年来，我带过的南模中学、交通大学交响乐团的孩子们，他们中绝大多数人在毕业之后都没有走上职业音乐人的道路。上海这么大一个城市，竟然没有地方能让他们延续自己的音乐梦想，每次聊起这个事情他们都非常苦闷。时代发展得越来越快，城市也越来越大，可是人们距离音乐、距离艺术却越来越远。所以我就想，像上海这样一个城市，怎么可以没有一支来自民间的交响乐团呢？音乐，是城市的灵魂。既然我们掌握了交响乐这块珍宝，就应该把它分享给更多需要它的人。"

在曹鹏的耐心劝说下，成立上海城市交响乐团的倡议在家庭会议的民主表决中一致通过。大家还共同协商决定，新乐团由曹鹏担任指挥，小女儿夏小曹担任首席小提琴手，大女儿曹小夏拿出 10 万元存款作为乐队的注册资金，全力投入乐团的建设。

同时，家庭会议还对乐团的宗旨和属性作出了明确的规划：乐团不以盈利为目的，演出全部为公益演出，不收或仅收取极少量的门票费用，以满足租赁场地等最基础的成本开销。将来如果出现盈利，全额捐献慈善事业；如果亏损，全部由曹鹏补贴。

说起乐团成立之初的困难，曾亲身经历整个过程的曹小夏和夏小曹感触颇深。她们介绍说："成立交响乐团，资金和场地都是大问题。起初乐团没地方排练，就在一家琴行地下仓库里练习。每次排练大家都要小心翼翼地把仓库里的乐器全部搬出来，再把椅子放进去，才能开始排练；排练结束又要把椅子拿出来，再把乐器放回仓库。"

乐团第一次排练，成员主要是当年南模、上海交大交响乐团毕业的一些老团员，演奏的是柴可夫斯基第五交响曲。练习的时候曹鹏从头到尾四个章节，一次都没有打断，"稀里哗啦、连滚带爬"地演完了乐团的第一支曲子。就这样，上海城市交响乐团宣告成立！

如今，在曹鹏以及他女儿的精心打理下，上海城市交响乐团已经成了一支拥有 200 多名不同年龄、不同职业、不同国籍乐手的高水平交响乐团，成了上海又一张响当当的城市名片。

不仅如此，上海城市交响乐团的成功成了中国非职业乐团发展的航标。在它的激励下，一个又一个朝气蓬勃、活力满满的民间乐团、合唱团如雨后春笋一般破土而出，一大批音乐爱好者投身音乐普及与创作，彻底激活了原本在中国少人问津的高雅音乐。

在上海城市交响乐团的基础上，上海又陆续成立了上海城市青少年交响乐团、上海学生交响乐团，两支乐团都由曹鹏担任指挥；而另一支曾在互联网上红极一时的上海彩虹室内乐团，其创建人也曾是曹鹏在南模中学交响乐团的学生。

2008 年 4 月，刊登在报纸上的一则新闻引起了曹鹏大女儿曹小夏的注意——联合国将每年的 4 月 2 日定为"世界自闭症关注日"。新闻上说，在全球每 150 个孩子中就有一个自闭症患者，这一群体亟需得到社会的关注和帮助。

自闭症，也叫孤独症，是一种因神经系统失调影响到大脑功能而引致的终身发展障碍，患者多为儿童。由于发育受到阻碍，患者往往缺乏正常的语言沟通和社会交往能力。现如今，自闭症已经得到社会各界的普遍关注，患儿被亲切地称为"来自星星的孩子"。但是在 11 年前，国人对自闭症的了解非常有限，这一群体并没有获得应有的关注。

然而，曾长年旅居日本的曹小夏立刻认识到了新闻背后的意义，以及自己应当承担的责任。她立刻向父亲提议，希望能为这群尚未获得社会关注的弱势群体做一些力所能及的事情。这个提议得到了曹鹏的大力支持。曹鹏说："既然我们都是音乐家，那就让我们用音乐来为他们做些什么吧！"

就这样，曹鹏带领上海城市交响乐团的乐手们成立了关注自闭症儿童的公益组织——"天使知音沙龙"。自那以后，每周六曹鹏又多出了一个新的"工作"，用音乐为自闭症儿童打开通往世界的大门。

陈辰第一次参加"天使知音沙龙"的活动，就赶上了一个特别的日子——那天是曹鹏的生日，沙龙里的孩子们一同为曹爷爷过生日。

会场中，十几个自闭症患儿着装统一——男孩白衬衫、黑西裤、黑马

陈辰参加天使知音沙龙活动

甲，女孩白衬衫、红裙子、红领结，与父母们一起围坐一圈。曹鹏一进房间，他们就齐声唱起了《生日歌》。接着，一个个孩子依次走向曹鹏，与他拥抱，并送上一份份自己亲手制作的小礼物。

年纪大一些的孩子还用复杂的语言送上祝福——"祝曹爷爷生日快乐、寿比南山、万事如意、身体健康……活到 200 岁。"这些原本存在严重交流障碍的孩子，能够将"长命百岁"改成"200 岁"送给已经 94 岁高龄的曹鹏，显然为这一时刻做了充足的准备。

收到孩子们的祝福，曹鹏深受感动。他对孩子们说："我期望在 100 岁的时候还能举行音乐会。100 岁的时候，不要忘记了，要来参加我的音乐会！"

陈辰与曹鹏、夏惠玲

陈辰与孩子们一起做游戏

曾经，这些"来自星星的孩子"只活在自己的世界里，但在"天使知音沙龙"，他们接触到了曹鹏和交响乐，从而发生了翻天覆地的变化。

"只有音乐才能打开自闭症孩子的心。"

"在'天使知音沙龙'待了一两个月，我渐渐发现，他那个自闭的'堡垒'开始松动了。"

"曹老师带着他们去各个剧场演出，见的东西多了，经历的东西多了，现在的他和以前相比，简直无法想象。"

"只有当他站在舞台上的时候，才会发现原来他还是挺棒的。"

家长们一张张欣慰的脸孔，一句句感慨的话语，是曹鹏在"天使知音沙龙"坚持服务 11 年所收获的最好的礼物，也是对他用音乐改变民族、用音乐改变人生最好的肯定。

"天使知音沙龙"的日常工作一开始由曹小夏负责，而现在渐渐交到了外孙石渡丹尔手里。每次活动曹小夏都会带着孩子们演奏乐器，排练节目。在音乐面前，孩子们总能够安静下来，认真投入练习。当然，在这个过程中，意外的发生总是家常便饭。

陈辰第二次走访"天使知音沙龙"，那天曹小夏正带领着孩子们排练。途中，由于练习曲目临时更换，有一个孩子突然情绪失控。他竭尽全力地在教室里又蹦又跳，无论谁劝都停不下来。到后来，他更是直接把谱架上的谱子扔在地上，肆意发泄着自己的情绪，即便妈妈上前阻拦，他也没有停手的意思。

然而，没过多久，在《铃儿响叮当》的歌声中，孩子渐渐恢复了平静，又一次跟着大家一起唱了起来。在家长眼里，面对随时可能失控的自闭症孩子，曹鹏和曹小夏似乎比他们更有办法。

只是这种"办法"是怎么得来的呢？带着这个问题，陈辰再一次来到曹鹏

陈辰与曹小夏

家中，向曹鹏和曹小夏讨教走进自闭症儿童内心的方法。

    第一次走进"天使知音沙龙"的情境，曹小夏至今印象深刻。"之前我们从来没有接触过自闭症的孩子。第一次到沙龙，我们完全不理解为什么会那么吵。又是在地上爬的，又是脑袋敲墙的……干什么的都有。你在那里演奏，大多数孩子都不会看你。他想走出去就走出去，想进来就进来，想唱歌就唱歌，完全是处于自我世界中的。"

    于是，曹鹏便开始摸索，究竟什么样的音乐能够获得自闭症儿童的喜爱，什么样的乐器能够帮助他们学习音乐。"一开始我们也不知道该用什么音乐，就敲敲打打。所以我们买了很多打击乐器，用来训练他们。结果家长告诉我们孩子怕吵。"打击乐失败了，曹鹏便尝试弦乐。"琴声一响，躺在地上的那些孩子马上就站了起来。"

发现弦乐有效，曹鹏与女儿曹小夏就坚持为孩子们演奏弦乐。"这时候小朋友眼睛也会看一看你了。这时我们就得出了一个结论，他们开始听音乐了。慢慢地我们就给他们一个小的打击乐器——小铃鼓啊、三角铁啊，让他们跟着音乐打。"就这样，自闭症儿童封闭着的世界渐渐被音乐打开了。

反复不断的尝试让曹鹏逐渐发现了自闭症儿童的症结。"耳是最重要的。自闭症为什么自闭，是因为他根本不听。在他的世界里什么声音也没有。所以我们就用弦乐来培养他们。每当我发现他今天会用耳朵了，我就表扬他、鼓励他。"

久而久之，曹鹏摸索出了一整套用音乐改变自闭症儿童的理念，并把它归纳为一个繁写体的"聽"字。"繁体字'聽'左边是个耳朵，耳朵下面是个王；右边是个身

排练中的曹鹏

体，右下是一个心——耳朵是王，然后通过身体到心灵。对于自闭症的孩子，耳朵打开了就可以触及心灵，心打开人就通了。"

为了这群特殊的孩子，曹鹏还专门为他们编写曲谱。遇到曲子里困难的地方，就用乐队来烘托，把节奏紧紧跟上。"哆啦咪，哆、啦咪，哆咪哆咪哆咪……"这样简单通俗的乐曲，既能让孩子轻易地学会，观众也愿意听。

这些年，城市交响乐团的演出机会越来越多，有时他们也会带着"天使知音沙龙"的孩子们同台演出。起先，曹鹏对于能否让孩子们参加演出还有些疑虑，害怕会影响音乐会的质量。最后还是曹小夏说服了自己的父亲——给他们多一次演出的机会，他们的人生就会前进一大步。

当然，真到了演出现场，曹鹏和曹小夏的心里仍像悬着一

曹鹏与孩子们一起登台表演

块石头一样，紧张得不得了。

记得第一次带自闭症儿童演出，是组织他们在舞台上拍手唱歌。其中有一个男孩叫徐逸政，可能是太兴奋了，直接把话筒从话筒架上拿了下来对着嘴唱。好在别的孩子没有制止他，表演还算顺利。还有个孩子叫戴望尘，第一次在上海音乐厅表演时，曹小夏蹲在台口看着他。男孩演到一半突然跑向台口，问曹小夏："曹老师，我吹得好吗？"不禁让曹小夏惊出一身汗。

当然，经过曹鹏、曹小夏不断的训练，孩子们演出经验的不断积累，这种突发状况已经不会在舞台上出现了。徐逸政成了一名有着上百场演出经验的"老演员"，戴望尘带着他的小号登上了意大利剧场的舞台。孩子们优异的表现，让曹鹏与曹小夏感到自己付出的一切都是值得的，他们的努力得到了回报。

因此，在曹小夏眼里，他们对"天使知音沙龙"所做的一切并不是单纯的奉献，而是一种相互的促进。"只有为社会付出才会有所收获。如果没有这13年在沙龙的坚持，我们上海城市交响乐团的素质不会像现在那么好。这个沙龙鞭策着我们，改变了我们很多的看法，改变了我们的人生。"

和南模中学、交通大学交响乐团的学生一样，"天使知音沙龙"的孩子同样也会长大，同样也会面临从沙龙"毕业"，迈向社会的那一天。为了能让长大成人的自闭症患者真正走向社会，曹鹏与曹小夏又做了一件与音乐无关的事情——创办了"爱咖啡"。在一个阳光明媚的午后，曹鹏的外孙石渡丹尔陪同陈辰走进了这一家特别的咖啡店。

毕业于复旦大学新闻系的石渡原本的志愿是成为一名新闻记者。在母亲、外公的影响下，他渐渐被曹家的"家族事业"——"天使知音沙龙"所吸引，投身关爱自闭症的公益行动。

他向陈辰介绍说："在中国大概有1400万自闭症患儿，根据联合国最新公布的统计，每58个孩子中就有一个自闭症患儿。"这个数字显然远远

陈辰参加"爱咖啡"举办的活动

超过了陈辰的预计，不禁让她吃了一惊。好在，随着群体的增加，越来越多人关注到了这个群体。"仅在上海，大概就有1200家关注自闭症群体的社会机构，但纯公益并且能够坚持到现在的，只有我们'天使知音沙龙'一家。"石渡不无骄傲地说。

之所以称之为"纯公益"，是因为"爱咖啡"并不是一家普通的咖啡馆，而是一个以咖啡为主题的自闭症社会实践基地。咖啡馆营业时间很短，咖啡的种类也很少，因为店内所有咖啡师兼服务员都是自闭症患者。此外，顾客在店里点咖啡喝不用付钱，只需要与自闭症患者对话，用自己的语言为他们提供志愿服务。

想要在上海把这样一家"咖啡店"经营下去，曹鹏与他的女儿、外孙，想必一定付出了巨大的牺牲——无论是经济上还是精力上。

走进"爱咖啡"，一名"服务员"立刻走上前来，为陈辰安排座位，他也是"天使知音沙龙"的成员，自闭症患者纪天舒。

之前在"天使知音沙龙"的采访中，陈辰曾经与纪天舒有过交流。几天之后再度见面，天舒不仅能够热情、礼貌地与陈辰攀谈，还清楚地记得陈辰名字的具体写法。待陈辰坐下后，天舒又详尽地向她介绍起了咖啡店里的四款咖啡。"我们这里有卡布基诺、拿铁、意式浓缩、美式，你们需要哪款咖啡？"

陈辰"善意"地点了美式咖啡，但一旁的石渡显然不打算让天舒轻易"过关"。他的话语中显然带着一点"刁难"的色彩。"我想要没有牛奶的咖啡，有什么咖啡是没有牛奶的？""没有牛奶的咖啡只有意式浓缩和美式。"天舒的第一次回答完美过关。

"那意式浓缩和美式有什么区别呢？"石渡依然"不依不饶"。此时的天舒愣了一愣，但依然正确地给出了答案："意式浓缩就不用加热水的，美式要加一点热水的。"

"那意式浓缩可不可以做冷的呢？"石渡再次追问。天舒摇了摇头："平时……没有。"

"那我可不可以尝试一下冷的意式浓缩呢？"石渡抛出了第四个问题。这次天舒脱口而出："可以啊，加冰。"就这样，点完单的天舒走向咖啡台准备制作咖啡。

面对陈辰的疑惑，石渡解释说："在和自闭症患者交流时，就是要给他们设计一些小困难，然后看看他会不会给我们带来惊喜。"

果真，天舒与石渡最后的对话，给了陈辰不小的"惊喜"。

石渡问："天舒，今天曹（小夏）老师在吗？""在，您要找她有什么事吗?""我们可以找她聊聊天吗?""不能找她聊天,曹老师很忙的!"天舒淡定的回答惹得陈辰哈哈大笑。

既然纪天舒"拒绝"打扰曹小夏,只好由石渡亲自出面请出"很忙"的母亲了。就在大家聊得正欢时,曹鹏也来到了"爱咖啡"。一见到敬爱的曹爷爷,天舒和另一位服务员刘纪元立刻向曹鹏打招呼。

和纪天舒一样,刘纪元也是"天使知音沙龙"最早的一批会员。曾经的他不爱说话,生活也不能自理,经过在沙龙里的学习,如今他已经能够一个人坐地铁、一个人去超市购物,甚至还找到了一份稳定的工作——某机构的档案管理员。

陈辰与纪天舒互动

陈辰在"爱咖啡"与家长交谈

　　见到陈辰，刘纪元突然说："我认识你的。"而事实上，在先前采访"天使知音沙龙"的过程中，陈辰并没有见过这个大男孩。今天主动与她"套近乎"，多少让陈辰有些意外。"我小时候看过你主持的《小太阳俱乐部》，还有《财富大考场》。"《小太阳俱乐部》是陈辰18年前刚出道时主持的节目，从刘纪元口中听到这个"古老"的节目，更令陈辰大吃一惊。

　　不仅表达清晰、记忆力强，刘纪元的器乐演奏水平也相当不错。据曹鹏介绍，他能够吹奏好几首曲子，在舞台上经常能得到曹鹏的表扬。听到曹爷爷的夸奖，刘纪元当即拿出了自己的萨克斯，为大家表演了一曲《时间都去哪儿了》。在曹鹏的领拍下，果真吹奏得像模像样，颇显功底。

　　像纪天舒、刘纪元这样，因"天使知音沙龙"而改变的自闭症患儿，其实还有很多。如今，几乎每一场城市交响乐团的演出中都会穿插"天使知音沙龙"的节目。无论是铜管四重奏，还是15人小乐队，节目的水平愈发专业，甚至有三名患儿加入了上海青少年交响乐团，与专业学习音乐的中学生们同台表演。

　　曹鹏说，一个民族，如果不提高艺术素养，那就没有未来。艺术人文素养是国家和民族最鲜活和富有创造力的坐标，是经济社会发展最生动、美好的一面镜子。艺术教育不仅陶冶人们的心灵，同时关照人生的发展，对青少年的人格塑造有着不可或缺的重要影响。

　　他一直觉得，自己在音乐上的全部成就，都源于党和国家的培养。因此，他愿意竭尽所能，为祖国、人民做一些事情。青年时，他用文艺鼓舞革命；中年时，他用交响普及艺术；老年时，用音乐关爱自闭症儿童。无论在何时、何地，从事何种工作，他都一如既往地坚持用音乐改变他人的命运，改变整个社会的风貌。

　　文化是一棵大树，根深叶茂才能挺立于世。人们的音乐素质提高了，可以促进整个社会的进步、发展。有音乐的人生，不迷惘，提高整个中华民族的音乐素质是他一生的追求。

　　最后，让我们用1995年12月，曹鹏从艺50周年之际，著名音乐家贺渌汀先生对他的评价作为故事的结尾——

　　提高民众艺术素质是一项艰巨而宏伟的工程，其意义是非常深远的。因此，随着时间的推移，人们才会理解曹鹏这种长期不懈的努力本身的真正价值。这不仅是一种纯粹的艺术的力量，还是一种纯粹的人格的力量，只有具有神圣的使命感的人才会具有这样巨大的人格力量。

　　提升一个民族的文化与修养，需要几代人、上百年的时间。衷心祝愿曹鹏先生真的能够活到两百岁，为中国社会音乐素养的提高与普及，再奋斗一百年！

当集编剧：汤瑞元等

编辑：王嘉钰

听，爱的声音

如果要和音乐谈恋爱，
我希望是，一辈子。
因为爱音乐的人最能共情，
因为识音乐的人善读人心。

时代的飞速变迁，让许多人的心无处安放。然而在喧嚣之中，总有一些身影，扛起一些责任，用心做着一名爱的守护者。

知道曹鹏老师是很久之前的事情，他是国家一级指挥家，民族的骄傲。音

曹鹏家客厅挂着和夏惠玲的合照

陈辰与曹鹏夫妇一同参加活动

乐界曾经有过"北李南曹"的说法。"北李"指的是北京的李德伦，而"南曹"就是上海的曹鹏。

我在工作中曾经和曹鹏老师多次相遇，觉得他随和、风趣、健谈。但对于他的了解，只是限于他"指挥家"的一面。走近他的生活和家人，还是第一次。

素雅的色调，舒适而整洁的布局，到处都能看到的家人温馨的合照。特别是茶几后的墙上，曹鹏老师和夫人夏惠玲老师在沙滩漫步的合影，顿时让人起了一身鸡皮疙瘩。这是多么让人向往的爱情的样子。

据说曹老师和夏老师牵手牵了70几年，到今天在家里都要牵手。曹老师家里有个复式楼梯，他说夏老师前阵子身体不好，为此他特地把工作间从阳台搬到了楼梯口的餐厅。这样，夏老师只要一唤他，他就可以"奔过去"照顾她了。

这"奔过去"的可是一颗少年情郎的心啊！

不仅有爱情的甜蜜，曹老爷子这一家，就算是亲情，都温润如饴。有时甚至活像一曲交响乐，有独奏时的鲜明个性，也有合奏时的相互扶持。

曹老师的两位女儿很多年来都在国外闯荡。大女儿曹小夏在日本闯出了中日音乐交流的一片天。二女儿夏小曹是世界著名的小提琴手，在美国的名声早已超越父亲曹鹏。

但哪怕身在远方，只要家人有需要，他们必定会赴汤蹈火，成为家人们最坚实的后盾。

就像当初曹老师希望成立上海城市交响乐团，让音乐属于这个城市里的每个人，大女儿曹小夏二话不说从日本回来，出资 10 万元注册上海城市交响乐团，帮助爸爸完成梦想。

之后小女儿夏小曹也加入乐团，挑起了首席小提琴的大梁。

陈辰参加沙龙活动

几年后，当曹小夏决定要发起天使知音沙龙时，曹鹏老师也是义无反顾，当起了自闭症儿童们的"曹爷爷"，风雨无阻地保证一周为他们进行一次排练。

这对于一位 94 岁的老人来说，真的是个奇迹。

小女儿夏小曹曾说过"为什么家里能这么和谐，没有冲突，因为我们是互不干涉，但是有求必应。一旦认准了的事，一定会坚持，那谁也拦不住；一旦需要谁，一定会二话不说，就算晚上不睡觉，也得帮忙搞定。"

在两个女儿成长的过程中，曹鹏老师给了她们很大的自由，但唯一有个要求就是要学点音乐。因为曹鹏老师觉得"学音乐的人不太会学坏"。

我想是因为学音乐的人更能懂得共情吧。他们能把自己感受到的爱传递给别人，毫无保留甚至放大数倍地奉献给别人。他们懂得别人的需要，能敏感地感受到瞬间的变化。最主要的是，他们都有一颗会感恩的心，更能懂得爱是永恒的道理。

回顾曹鹏老师之前的经历，不得不感叹他的传奇。他当过新四军，参加过抗战，去过苏联留学，回国后成为著名指挥家。这一路上不完全是顺风顺水，甚至更多的是艰难险阻。但在和曹老师聊天的过程中，从未听他说起过一句不如意，反而他记得的都是这一路上感受到的爱。

而他的女儿曹小夏、夏小曹，他的外孙石渡，也用同样的方式在传递爱。他们的初衷，是为别人做些事情，但在这个过程中，越来越发现，他们除了付出之外，更多的是得到、被爱、被需要、被支持，这种强大的力量，构成了巨大的推动力，也构成了更大的爱的能量场，让在其中的每个人，都变得更美好。

就像曾经一段采访中说的："这不是一户普通人家，而是知名音乐世家。许多人几乎都是听着曹鹏老师指挥的交响乐长大。这一家人最终在事业上站上了同一个舞台，用音乐和爱赋予这座城市更多的精彩；但这又是极为普通的一户人家。这些琐事，这些努力，这些成长……他们的话也朴实得很，'除了搞音乐，其他事儿也不懂。'"

王顺友

——高原信使

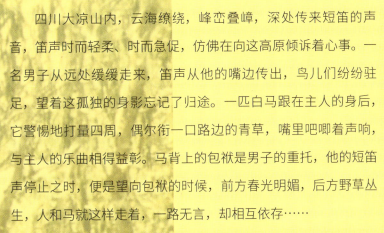

四川大凉山内，云海缭绕，峰峦叠嶂，深处传来短笛的声音，笛声时而轻柔、时而急促，仿佛在向这高原倾诉着心事。一名男子从远处缓缓走来，笛声从他的嘴边传出，鸟儿们纷纷驻足，望着这孤独的身影忘记了归途。一匹白马跟在主人的身后，它警惕地打量四周，偶尔衔一口路边的青草，嘴里吧唧着声响，与主人的乐曲相得益彰。马背上的包袱是男子的重托，他的短笛声停止之时，便是望向包袱的时候，前方春光明媚，后方野草丛生，人和马就这样走着，一路无言，却相互依存……

这段画面感十足的描述，就真实地发生在四川省木里藏族自治县延绵的大山之间。不同于电影电视剧等影像画面一帧一帧地画面表述，普通的苗族乡邮员王顺友，20 年来每年都有 330 天以上独自行走在马班邮路上，在雪域高原跋涉了 26 万公里。

"26 万公里是什么概念？相当于走了 21 趟二万五千里长征、绕地球赤道 6 圈。"陈辰坐在驰骋的大巴车里，望着这一片无边无际的山川棱角，陷入了沉思……

大凉山的地理环境比较特殊，平均气温 17℃可同春城昆明媲美，享有"万紫千红花不谢，冬暖夏凉四时春"之誉。但现实往往是残酷的，远山深处的低温肆意蹂虐着人体裸露在空气中的每一个毛孔，陈辰在高原加低温的双重冲击下，已经隐隐约约感觉到身体所承受的强大负荷，焦虑感伴随着越来越接近王顺友家的脚步，爬上了她的眉头。

大巴停在了大凉山木里县，陈辰以及剧组人员在飞扬

王顺友（刘奕君饰）的生活环境

王顺友 20 年来行走在马班邮路上

的黄土中等待下一辆当地熟悉的车辆来接应，高原 2000 米只是开始，接下来他们要面对的是最高 4000 米的山峰。远处是雪山，一望无际，好家伙！刚才那诗意的场景与接下来所要跋涉的高峰一对比，盎然的情绪立刻烟消云散。

王顺友的家位于半山上一个空旷的大屋子，一匹马、一条狗、两只羊，这是家里能发出声音的所有生物。望着来访的人群，牲口们停了停嘴里的事情，看了看四周，接着又热热闹闹地忙活开了……好不容易来到王顺友的家门口，领路的村民却告诉剧组人员，王顺友不在家。

穿越了高原，克服了低温障碍，好不容易才来到这里，总不能无功而返。带着一定要见到主人公的心，陈辰毅然决定明天去邮局继续寻找王顺友的踪迹。到底是怎样的一个人物，让她下定了"不到黄河心不死"的决心呢？其实，王顺友对于我们来说，应该早已不陌生。

1984 年，年仅 19 岁的苗族小伙子王顺友从当乡邮员的老父亲手里接过了马缰绳，子承父业，成为了四川省凉山彝族自治州木里藏族自治县一名普通的马班邮路乡邮员。刚开始穿上绿色制服走在邮路上的王顺友很是高兴，他觉得这份工作很好，"但是走了一段时间就有点想打退堂鼓了，因为在大山里真的很孤独和寂寞。累和苦我都不怕，就是怕孤独，这个日子不好过"。

"但是如果我做不好就无法对父亲交代，无法对邮路上的父老乡亲交代"，想到父亲把马缰绳交给自己时的嘱托，想到邮路上的父老乡亲收到信时的那一张张笑脸，王顺友觉得，自己哪怕再苦再累也值得了。

2002 年 12 月，日本一家电视台专程来到木里，对王顺友负责的邮路进行跟踪拍摄。摄制组用 4 天的时间只走了 80 多公里，最后实在走不动了，只好坐车返回木里，然后转西昌、过冕宁，再经甘孜州九龙县到达俵波乡，这一圈，他们绕了六七百公里才进行完邮路终点的拍摄工作。出发前，他们和王顺友打

在大雪天送信的王顺友

赌说：看谁先到达俄波乡。然而，令日本摄制组万万没想到的是，当他们坐车到达俄波乡时，王顺友已牵着那匹马等他们半天了。日本记者被王顺友征服了，他们伸出大拇指说，王顺友，好样的，你是真正的男子汉！

王顺友1965年10月出生于中国四川省凉山彝族自治州木里藏族自治县，骑马在大凉山送信20年，被称为"香巴拉信使"，2005年被评选为"感动中国"十大人物之一。20年来在雪域高原跋涉了26万公里，相当于走了21趟二万五千里长征、绕地球赤道6圈。每年投递报纸8000多份、杂志700多份、函件1500多份、包裹600多件；投递准确率达到100%。

他是一个普通人，做着平凡而又伟大的事情。正是这种坚

王顺友（刘奕君饰）在途中以河水解渴

持不懈、舍身为人的精神，值得陈辰为这个"闪亮的名字"去
寻找它的主人公。

　　第二天一早，陈辰来到了木里县的邮局，接待他们的
是木里县邮政局局长黄勇。

　　邮局的布置十分简单，但是在办公室墙上有一幅很显
眼的地图，上面有一条红色的线，绵延数里。在黄勇的介
绍下，我们知道了这就是当年王顺友走的马班路线。这条
马班路线，从起点到终点，单程就要半个月，来回基本就
需要一个月的时间。一年只有三百六十五天，而王顺友有
三百三十天的时光都是在这条路上度过的。

老天爷又好似给陈辰他们开了一个玩笑，"王顺友不在邮局，应该是去白碉乡了"，黄勇如是说道。这让陈辰刚刚放下的心又提了起来，王顺友还真的是"只闻其声，不见其人"呀！就在心灰意冷之时，黄勇告诉他们，邮局的邮车今天刚好要去一趟白碉乡，可以捎带陈辰一程。

从公路上黑亮的石子可以看出，去往白碉乡的是一条崭新的公路。由于地势原因，公路多半沿着山腰修建，在公路上陈辰可以看到木里县的全部风貌。山连着山，树木挺拔但不见得粗壮，稀松地站在路畔和山上，卡车飞驰，将一排排白色的房屋抛在了身后，公路在山间蜿蜒，像一条长长的银线连接着山里和山外的世界。

"希望马班邮路将来能过汽车，但愿马班邮路早日消失！" 2012 年初，在出席四川省两会时，省人大代表、凉山州木里县邮电局的邮递员王顺友曾说过这样的话。

幸得于王顺友为凉山州木里县发声，人们才意识到，在四川大凉山内，有一条寸步难行的土路，而当年，正是王顺友，才让人们燃起了对外面世界的渴望。这条公路的建成，大大缓解了大凉山人民对外交通的压力，但这条公路长度，还远远不及王顺友邮路的二分之一。

想到这里，陈辰翻出口袋里的一封信，信上没有华丽的辞藻，但是却用不同颜色的彩笔，画出了缤纷的图案。这是一个小朋友写给王顺友的信，在课余读物里，小朋友了解到了王顺友的事迹。王顺友的精神给小朋友小小的心灵带来了巨大的震撼。不用过多的言语表达，我们从小朋友缤纷的画作当中就可以感受到，王顺友榜样般的力量，这是无形的。又如王顺友对四川大凉山当地居民带来的影响，那是无声但却有形的。

卡车开了许久才停下，邮递员告诉陈辰去白碉乡还有很长的一段路，如果沿着公路需要再开四个小时，但是走水路只需要一个半小时，可以节约不少时间，陈辰知道邮递员还有派件任务，决定从水路去白碉乡。告别了邮递员，陈辰来到了轮渡码头等待渡船。

面前的江景令人心旷神怡，雅砻江又有"小金沙江"之称，是金沙江最大的一级支流，而面前的这片江水平静而温和，与两岸高耸的山峰交相呼应，形成了一幅天然的美丽画卷，一叶扁舟缓缓驶来，陈辰赶紧叫住了船夫，告诉他要去的地方。

船尾激起的浪花被吞噬在了江面上，群山像巨人一般屹立在两旁。这些山看着王顺友来了又走了，走了又来了，如此往返20年，那个身影对这群山而言早已是一位熟悉的老朋友了。不知是船夫担心陈辰不适应特意开得慢，还是水路本来就需要这么长时间，差不多两个半小时后陈辰才到"白碉村渡口"，下船后陈辰望着四周，这里是王顺友20多年来过无数次的地方，究竟在这里发生过什么故事，让他纵然退居二线，仍无法忘却，始终牵挂着？

白碉乡位于县境东南部60公里，在大凉山深处、雅砻江的中游，从木里县城出发车行1个小时，换成水路两个半小时才能到达。由于水路成本高，更多人选择乘车5到6小时再走山路，而这已经是王顺友所走邮路里离县城最近的一段。这是个多民族乡，乡上共有苗族、彝族、布依族、白族等21个民族，光白碉村就有7个民族。

乡里的山路较窄，都是羊肠小道，但有一种现世安稳、岁月静好的气息。在这里，陈辰见到了白碉乡的一位前村主任海顺荣。海顺荣还有一个身份，就是王顺友的"发小"。说起王顺友当年做过的事情，海顺荣仿佛停不下回忆的思绪，但他说，王顺友最大的不同，就是把新时代观念，从山外带进了山内。最典型的应该就是"录取通知书"事件了……

说起这件事，当时大家伙还认为是王顺友在多管闲事。

1985年，白碉乡出了一位女大学生，这对于白碉乡而言是一件大事。录取通知书一般 7 月从省城寄出，再转到乡里，然后由邮递员送到录取人手中。大凉山的路不好走，没有公路，交通基本靠走，等王顺友把大学录取通知书送到这里的时候已经是 8 月了。王顺友好不容易找到了姑娘的家，满心欢喜地想把录取通知书交给姑娘，没想到姑娘家里人说今天她正好结婚，现在人在男方家里头呢。王顺友听完就着急地打听男方的家在哪里，他一定要找到姑娘本人并且把通知书交给她。几经周折王顺友终于找到了办婚礼的男方家，通知书和王顺友的到来让众人惊讶，姑娘当时就愣在了原地，她没想到自己真的能考上大学，所以家人安排她结婚的事她没有拒绝。但是面对这突如其来的大学录取通知书，她迷茫了：是选择结婚留在这里，还是去上大学呢？

男方家里一看这情况，顿时恼火了，他们认为定亲结婚是大事，女孩并不是非念书不可的。眼瞅着姑娘动摇了结婚的念头，人们开始迁怒于王顺友，让王顺友赶紧滚，不要打扰别人的家事。面对男方家人们的指责，王顺友并没有停止他的劝说，他让姑娘好好想想，不要放弃读书的机会。姑娘看着满身是泥的王顺友，狼狈不堪却那么的真诚，顿时理性开始占据了她的思考——她心里当然不想放弃读大学的机会，读了大学就意味着可以走出大山，见识更广阔的天地。但此时姑娘的家人也开始掺和进来，劝说姑娘放弃读书，并说女孩子迟早都是要嫁人的，读那么多书有什么用呢？

王顺友一听娘家人也这么说就更急了，"你们让娃自己考虑嘛，她这么大的人了，不会自己想吗？"大家觉得情况不对劲了，赶紧推王顺友走，说通知书已经送到了，他的任务已经完成了，让他赶紧走，就在大家推搡着王顺友出去的时候，姑娘站了出来，叫住了王顺友。并跟大家说：这位邮递员为了给我送这份录取通知书绕了那么多路，你们看他浑身是泥，一脸疲惫，难道不应该先谢谢他吗？

所有人停止了推搡，他们这才发现王顺友全身湿透了，跟个泥人似的。

"我不是要管闲事，我就是觉得可惜，咱们村出一个大学生多不容易，不能轻易放弃啊。我读书少，现在也没有机会读书了，但是你有机会，有机会改变这座大山！"

姑娘听到这里眼眶湿润了，这个人跟他素不相识，为了一个不认识的人跑这么多路来劝她去读书，还面临这么多指责，他到底是为了什么呢？

只有王顺友心里知道，为了知识！为了改变！

好在大家都是善良的，以真心换真心得到的是心的回应，最后姑娘跟家人商量先去上大学，毕业回来再结婚。

随着时间的推移，大家深刻意识到王顺友对这里付出的一切都是希望大家未来能过得更好。90 年代，虽然外面都已经开始接触网络，什么 BP 机、手机都开始很普及，但是大凉山很多村连电话都没有，邮递员投递的书信是最重要的信息渠道。那个时候白碉乡很闭塞，外面发生什么都不知道，有时可能美国总统换了四年了，这里才知道，但是王顺友总会把社会进步的消息带给这里的人们。

"他带来的不只有信息，是希望！"海顺荣良久才组织出这样一句话。

十几年前海顺荣刚刚当上村长，王顺友进村第一个找的人肯定是他，不仅带信，还会带盐、茶叶、种子给村民，手把手地教他们怎么种，怎么管理。当园子里长出绿油油的蔬菜后，村民都来学了，王顺友又买了更多的种子送给他们。现在，村里的家家户户都有了自己的菜园子。不，不只是菜园子这么简单，白碉乡已经是梯田满天下了！

　　海顺荣带着陈辰来到了梯田高岗上——在这里，绿油油的菜地铺满了山坡，远处便能感觉到梯田内种植物种类繁多，横排竖排整整齐齐地生长着。十几年前，王顺友一步一个脚印将改变的"种子"带到这里，教授人们先进的种植技术。十几年后的今天，农民成果尽收，荒地变宝地。种子从新公路运来，王顺友带来的是种子，但改变的却是一片土地。看见这喜人的场景，想必王顺友内心一定是满意的。他在这里播种了希望，看见了改变，这里有他深深的眷恋，有他曾经为之付出的成果。

"王顺友现在在学校，你要去见他么？"海顺荣突然问道。陈辰心里压着的大石，终于在海顺荣的这句话之后放下了。一路上听了王顺友这么多往事事迹，这下终于要见到"庐山真面目"了！

经历了半天的步行，在高原深处他们看到了一所小学，欢声笑语、朗朗书声缓解了大家的疲惫，在一间教室外终于听到了那个期待的声音：

"这是哪里呀？"

"首都，北京！"

"对了，咱们的北京天安门广场就在这里。"

为什么王顺友会出现在这里，给小朋友们讲起祖国的首都北京呢？

那要从王顺友年轻时的梦想说起了。首都北京是他心中最神圣的地方。年轻的时候，他非常想在天安门前拍一张单人独照，每每在大山中孤独地推着邮递车的时候，他总不会忘记自己心中的理想。因此在身体抱恙，不能继续投递工作之后，王顺友每年的这个时候都要到小学里给孩子们赠邮票，也算是继续传递心中的梦想吧！

透过窗户，我们终于看到了王顺友的真人了。也许我们不会想到，这样一个英雄，一个全国的楷模，只是一个很普通的老人，黝黑瘦小，背有点驼。也许我们也能想到，正因为这是一个平凡的人，他所做出的不平凡的事更能显现出他精神的伟大……

突然，王顺友从口袋里掏出一张漂亮的明信片，他问孩子们：你们想要吗？"想要！"孩子们齐声答道。"谁回答对了问题就给谁，谁来背一下'锄禾日当午'这首诗？"孩子们齐声背诵"锄禾日当午，汗滴禾下土……"王顺友很惊讶地说，你们都答对了，我只有一张怎么办？孩子们都举手说"我要，我要"。正当很多孩子认为明信片得到无望了，王顺友突然变戏法

王顺友感谢陈辰的到来

似地从兜里掏出一叠明信片，发给每个孩子，欣喜的表情出现在每个孩子脸上。

王顺友从教室里走了出来，陈辰迎了上去。王顺友把手从裤兜两边擦了擦伸了过来，带着陈辰进入教室旁边的办公室坐下。本以为有着这么多不平凡事迹的老人，面对镜头以及主持人会显得自然许多，毕竟当年被评为感动中国十大人物之后，王顺友上镜见报的机会数不胜数。但刚和大家一起在屋里坐下，这个55岁的汉子露出了腼腆的表情，眼眉间的皱纹亦不安地抖动，暗示着他的故事。

"谢谢你大老远地来看我，我只是一个普通人。"王顺友露出了笑容。

这么多年过去了，他还是习惯一个人独处，面对镜头表现出忐忑不安，从话语之间我们能感受到，老人并没有因为得到了这个奖而认为自己与常人有所不同。外界的眼光改变不了他20年如一日的步伐。周围人的认可不能停止他给大山人民带来新知识的脚步。王顺友深知，知识对山里孩子们的重要性，在那么一双双渴望的眼神下，王顺友无法卸下心里传播希望种子的重担。

"王大哥，我想和你一起再走一走当年的马班邮路。"听到陈辰说的这句话，王顺友迟疑了一下。好似他害怕陈辰无法接受马班邮路上的艰难险阻，又好似他在迟疑，毕竟在身体抱恙，山里交通便利之后，他已经有些年没有再走这条路了。但最终王顺友还是决定带上陈辰一起再走故路。也许他已经组织好语言，让大家知道，当初这条路上发生的故事。在重走马班邮路之前，王顺友表示需要回家准备些工具，再出发上路。

陈辰与王顺友在家中交谈

重回王顺友的家，陈辰有了很多意外收获。院子里的牲口们见王顺友回来都亲切极了，小狗摇头晃脑的，小马也跑个不停，它似乎知道又要跟着主人重新出征了一样，兴奋得很。王顺友的家里非常简单，卧室除了一桌一床就没有其他家具了，桌上全是王顺友的风湿药，墙上挂着两件王顺友的邮差制服。

说是王顺友的家，但更像是一个单身公寓。王顺友有妻有儿，儿子现如今也成家立业，并且前不久还给王顺友添了个孙子。这样简单的布局以及摆设，很显然不是一个大家庭所该有的住所，陈辰敏锐地感觉到，王顺友应该是独自在这居住。

"王大哥，您一个人住在这吗？"陈辰问道。

"是的，儿子成家生了孩子住在县城里，老婆跟着去照顾孙儿去了。自己一个人，习惯了。"王顺友平静地回答陈辰，仿佛这个问题就像家常便饭一样再正常不过。"习惯了"这三个字背后透露出太多信息。曾经，一个人、一匹马、一壶酒、一条路，一走就是20年。如今，一座空院、一匹马、一盏茶，他还是一个人。其实他只是个普通人，做着一份普通的工作，却成就了不普通的人生，这副曾经背起无数人希望的肩膀背后到底藏着多少他不曾与人说起的心酸和无助。

王顺友的儿子名叫王银海，王银海从小就和母亲生活在一起，常年都见不到父亲几面。缺乏父亲的陪伴让这个孩子陷入了孤独，他不爱说话。有一次，王银海在学校里和同学发生争执，别的小朋友的父亲都带着孩子来学校理论了，可是王银海的父亲根本没办法联系上。那一次作为父亲的王顺友没有及时出现，再加上长年累月较少有见面机会，让这对父子的感情在王银海小时候就生起了隔阂。

这种隔阂也让王顺友愧疚自责。当年放假回家的情形至今还让他难以忘怀：儿子好似对待外面客人一样，见到他回来给他端茶倒水，完全感受不到，坐在他面前的是他的亲生父亲。

铁汉也有柔情，说到这里，王顺友已经语不成句了。

长期在大山里独自生活，也让王顺友对这里的一花一草一树产生了感情。大凉山里的父老乡亲更待他像亲人，每当他路过他们家门的时候，都会热情地招待他吃饭喝酒，甚至还不忘喂饱他一起赶路的马儿。王顺友也经常帮助他们，给他们带东西、带种子。有一些老人家，他们的儿子女儿在外地打工，王顺友就替他们写信、读信。当地村民不会贴邮票，王顺友都手把手帮他们贴上。正是这种常年地相互帮忙与关爱，让王顺友越发感觉离不开这个充满人情味的大山了，而村民见不到王顺友，也会感觉生活少了很重要的陪伴。

王顺友说起和山里乡民的点点滴滴时，眼睛里闪烁着宁静的光芒。是啊，这里就是他的第二个家，当年的他为家人们一次次捎来了希望，乡亲们也如亲人般待他，对于他来说，这里的水都是甜的，因为这里有亲人的期待，有幸福的归属感。

山里的天气变幻莫测，潮湿加雨水往往是最贴切的气候形容词。王顺友常年在大凉山赶着邮递车行走，难免会遇到阴雨天气，没有多余干净清爽的衣服，大雨过后，只能顶着湿淋淋的衣服往前走。日积月累，王顺友落下了风

常年奔走在邮路，笛子成了王顺友的解闷工具

陈辰随王顺友体验马班邮路

湿病这个慢性顽疾。王顺友家里桌面上大大小小十几瓶风湿药，也无声地告诉我们这一切事实。

不一会，王顺友已经穿好制服准备出发，随身携带的邮包里还插着一支笛子，王顺友牵上马唱起了山歌：绿衣使者来送信，端茶倒水好热情……

听着王顺友的山歌，我们陪他一起踏上了当年的马班邮路。

一开始路还比较平坦，但随着坡度的增加，体力消耗开始增大了，一行人放慢了速度，在经过一处陡坡时，王顺友让大家赶紧走过。抬头看看上方，淅淅沥沥的小石子从山上滚落，不免让人担心。在常年雨季的大凉山里，泥石流经常发生，这样的山路，崎岖不平，几十里不见人

20 年奔走邮路，马成了王顺友最亲密的战友

家，当年王顺友要面临的危险是完全可以想象的。如此陡峭的山路，马儿开始不情愿地叫唤起来，王顺友娴熟地轻拍着马背，像待一个孩子般给马儿递上干粮，轻声喃道"吃吧吃吧，多吃点"。

马也是王顺友的亲人。20 年间他一共养过 10 匹马，他还会给马儿们取名字，"枣树""金龙"，都是他给马取过的名字。尽管如今其他的马班邮差都不用马了，但他还坚持养着，因为马救过他的命。

当年有一次过吊桥时，王顺友的一匹马儿"金龙"怎么都不肯上桥，王顺友看前面有几个人牵着马在吊桥上走着呢，这

雅砻江上吊桥索断裂，王顺友差点掉进江中

"金龙"怎么就不肯迈步了呢？他有些生气，对着金龙呵斥，用力拉它过桥，但"金龙"就是不动。这时只听见"轰"的一声，吊桥断了！前面的那几个人和几匹马掉了下去，王顺友愣在原地傻眼了，等他反应过来，他便用力地抱住了"金龙"。老话说"马有前悔"意思就是说马能够预知某些事情，王顺友也算是见识到了，他抱着"金龙"后怕得浑身发抖。

这样的经历，旁人根本无法想象出那惊险的瞬间，也难怪王顺友与马的感情如此之深，那是他患难与共的战友，也是他生命里重要的寄托。

大山里的路只会越来越难走，不时会出现大坡和陡坡，在一个名为"九十九道拐"的地方，王顺友与马儿还发生了另外一件惊险的事：

  1995 年 5 月，王顺友像往常一样，送邮件来到令当地人都望而生畏的"九十九道拐"，马在前面慢慢地走，王顺友紧跟在马后面，眼看就要走出"九十九道拐"了，一只山鸡突然惊飞，吓得马一个劲地乱踢乱跳。王顺友急忙上前想拉住缰绳，谁知刚一接近，马突然抬起两只后蹄朝王顺友踢去，正踢中王顺友的肚子，疼得他双手捂住肚子一下子摔倒在地上，豆大的汗珠顺着额头直往下流。王顺友强忍着疼痛，强打精神站起来，牵着马继续上路。当时的他不知道那一踢，踢断了自己的肠子，但忍着伤痛为村民送信已成了他习以为常的责任。兜里还揣着 14 封未到目的地的邮件，他再一次丢下生死，沿路疼痛不断加剧，他虽然意识到身体不对劲，但还是没有停下脚步。从倮波乡送完信回到木里县城的时候他用了 9 天的时间，比平时多用了 3 天。在木里县林业局医院，手术后他才知道，那一踢将他的肠子踢成了三截。医生说如果晚一天，他就再也无法抢救。而这次的伤也成了他往后生活中无法完全治愈的隐患，让他晚年病痛缠身。

  王顺友是接替自己父亲成为马班邮递员的，也许是年少时父亲深深的影响，也许是无数次将邮件送到乡亲手中后那种满足与愉悦，也许是日复一日路途的浸染……这一切逐渐进入了他的血肉和脉搏，真的成为一种本能，一种责任的本能。

  在马班邮路的这一路上，大自然无时无刻不在威胁着王顺友的生命安全。倘若在路上碰到大雨，石头、被折断的大树都有可能往人的身上砸下来，那时候王顺友就深刻地认识到，即使再困也不能闭上眼睛，因为太冷了，如果闭上眼睛，人就没了。

  一个人走了 20 年，最害怕的就是孤独。但偶尔遇到了人，也许还不是什么好事。

  2000 年 7 月，王顺友送邮件翻越察尔瓦山时，从树林中突然窜出两个劫匪，冲着王顺友恶狠狠地大喊大叫，让他交出身上的钱财和所有东西。面对凶狠的劫匪，王顺友紧捂着邮包，义正辞严地大声说道："我是邮递员，是为党和人民服务的，我的工作就是为大家送信。你们要钱我没有，要命我倒是有一条！"说话之间，王顺友靠向自己的马，从背篓中拔出了刀子，欲与匪徒搏斗。两个劫匪见他一身正气没有丝毫胆怯，穿着邮政标志的绿色服装，顿时愣住了。王顺友趁劫匪发愣之机，急中生智骑着马迅速冲了过去，保住了邮件和人身安全。

真是险象环生，眼前这个 55 岁的男子当年挥舞柴刀的模样我们没能亲眼见证，但是却能真真切切感受到那股初生牛犊不怕虎的力量。遇到危险，他第一时间想到的是不能辜负乡亲们的期望，哪怕在生与死的抉择面前，他都会一如既往。因为危险的对面是无数双期盼的眼睛、无数份希望在等待，他把山那一头的人们当成了自己义不容辞的责任。

马班邮路这条路线上虽然风景很美，但地势也很险，最让人无法忍受的还是脚底板与地面长时间摩擦走动带来

陈辰与王顺友在邮路上交谈

的疼痛感。走了一阵子王顺友的步伐越来越慢了。想想有点不对，刚刚还好好的王顺友，怎么突然之间脸色不好，头上还直冒汗呢？思考良久，这趟马班邮路不能再继续走下去了，一行人搀扶着王顺友，立马来到了山脚下的医院。

医生看到王顺友好像并不惊讶，还和他打起了招呼。看到了陈辰一行人，了解了来意之后，立马给王顺友的腰部做了检查。

"他原先被马踢断过肠子，一旦走远路，就会出现这种情况。"对于检查结果，医生好像并不惊讶。医生的一席话让我们了解到，这些年来，王顺友一直饱受着疼痛的折磨，而他并没有把这件事情放在心上，也没有把这样的经历当作炫耀，而是把这个经历当作生活中的再正常不过的一个小插曲。

因为要对王顺友做更深入的检查和质量，陈辰以及摄制组一行人退到了诊断室外等候。逐渐入了夜，医院走廊上传来了一阵急促的脚步声。不一会儿一个身影出现在诊断室门外，他手里拎着饭盒，看见王顺友的病床，目光停住了，身子进了门，却犹豫着要不要进去。看着和王顺友有点相像的脸庞，大概能猜出这是王顺友的儿子王银海，在告知他今天发生的事情之后，他犹豫地敲了敲门，在得到医生的示意之后走进了病房。

半晌，王银海出了病房，陈辰叫住了他，这位年轻人大约二十几岁，却有几分沉稳的模样。陈辰不是第一次听到王银海这个名字。今早在王顺友家里的时候，王顺友就和陈辰谈起了他对妻子儿子，甚至觉得自己对整个家庭有很大的亏欠……

山里的生活其实很简单，"老婆孩子热炕头"，父亲出去赚钱，母亲在内持家，白天劳作，夜晚回家一顿饱饭，这便是幸福。但是，王银海打从记事起就不曾见过父亲几回，好像从他出生的那一刻起，父亲这个词就从他的生活中消失了。只记得月圆的时候父亲在，之后就像月亮的轨迹那样，父亲就渐渐地消失了，这个消失不仅仅是生理上的，也是心理上的。当月亮重归满月的那天，父亲又奇迹般地回来了！还是孩童的王银海觉得父亲仿佛就是月宫里走出来的人，遥远又带着仙气，尽管父亲对他万般问候，但是他觉得父亲就像一个瑶池的仙子，近在咫尺却又遥不可及。

在慢慢知道父亲的伟大事迹之后，王银海逐渐放下了心里那份对父亲的不理解，如今的他也在邮局，但是从事的是财务工作，在县城有自己的小家庭，并且与母亲生活在一起。平时父亲有自己的生活方式，主要就是在白碉乡养马、种菜，跟老乡们喝酒聊天。一家三口相互关心、关爱，但又是非常独立、有个人空间的个体。但说起父亲的病，王银海依旧无法放下一个心结：他希望父亲能搬去县城，一家人也有个照应。

如今的王银海虽然也是一位父亲，但面对王顺友，他依旧拥有着小孩般的委屈——父亲在他生日的时候会给他买一些礼物，衣服、单车等，每次他拿到礼物总会得意一阵子，单车骑出去好半天，在村子里让每一个孩子都能看见，那是他爸爸给他的礼物，爸爸没有忘记他！爸爸是爱他的！

是啊，天下怎会有父亲不爱自己的儿子呢？谁又能说，王顺友走过的每一步不饱含着对妻儿的思念呢？他有办法做出选择吗？他有的，他有非常多的选择，但最终他只选择了在马班邮路上一去不复返，他选择了对职业的忠诚，也承载了大凉山千千万万父老乡亲的殷切希望。

夜半，王顺友睡着了，王银海也告别离去。陈辰出了医院，哈了一口气，高原的夜已近零下10度了，紧了紧领口，陈辰赶紧回了住处，路上她计划着明天要给王顺友一个惊喜。

第二天一早，陈辰来到了王顺友高原的家中，这位平凡的信者在这里过着平凡的生活，陈辰并不想打扰他的宁静，但是她想为他镌刻这些记忆。拿着那些沉甸甸的奖杯、无数的奖状，陈辰想为王顺友在这个小镇里留下永远的芳华……

千里之外孩子们为王顺友画了好多幅画，色彩斑斓、寄语万千，每一字每一划都是心的问候："祝王顺友叔叔身体健康""祝王顺友叔叔生活幸福""向你学习，王顺友叔叔"……闪亮的心照亮了下一代的童年，美丽的光芒照亮了中国大地的每一寸角落，这就是英雄，新时代的英雄！陈辰把这些奖杯、奖状、画——布置在王顺友居住在高原上老宅里的时候，一个身影意外的出现了！

王银海走了进来，他手里捧着一些相框，脸上的表情不太自然。陈辰怎么也没想到王银海会出现在这里！王银海放下手里的相框，喃喃道：想让爸爸高兴一下……说完就去屋里的角落，掏出随身携带的电胶布，把裸露的电线包了起来。看着他，陈辰不禁内心一阵暖流，拿出画笔，在画纸上画下了那副王顺友曾经走过的路线图，这条路上有着许许多多的节点，在这些节点上，有着王顺友无法忘记的回忆。王银海把他带回来的相框一件一件摆了出来，他用毛巾把相框擦了又擦，然后比画着墙上相框摆放的位置，再一一将相框挂起，眼神时而严肃，时而温暖，时而锁眉，时而微笑……这些是他父亲无法忘记的回忆，更是他生命中一笔重要的价值财富。

过后，他们把墙也重新刷了一遍，陈辰把奖杯、奖状还有孩子们送的画都整整齐齐地陈列在了房内，整个屋子看上去整洁了很多。陈辰还将王顺友的奖章也都一一摆放了出来，那些亮闪闪的奖章如骄傲的铁军，昂首挺胸地屹立在这间简陋的屋里，任凭岁月的洗礼，仍然守候在英雄的身旁。王银海把一摞厚厚的信件拿了出来，放在奖章的旁边，小心翼翼的擦拭着。那些与他父亲走过的岁月，以及人们对父亲的敬仰都在字句间传递着真情，与这大山、江水融为了一体，任凭岁月的蹉跎，他们永远闪耀着。

王顺友在下午终于从医院回到了家中，在门口迎接他的还有许多当地的父老乡亲、他的战友们。他推开那扇大门，大门里赫然出现了"高原信

陈辰为王顺友装修高原信使纪念馆

使纪念馆"七个字，客厅里有一面墙壁上画着他送信的所到达的每一个地方的地图。另一面是曾经乡亲们给他送信时拍的照片，还有家人合影的照片，桌上有奖杯和奖章，排了好几排，孩子们五彩缤纷的画铺满了桌椅，还有一封封信在各个角落里呈放着。

王顺友走上去抚摸着那条马班路线，随后视线转向了照片墙，眼里已噙满泪水。这位面对大自然不可抗力威胁却面不改色的邮递员，这位面对非正义势力恐吓却毫不畏惧的男人，却在看完他30年历程的今天流下了宝贵的泪水。也许他从来没有思考过自己的价值，也从来没有想过日复一日的意义，他只有一颗舍小家为大家的真诚的心！

王顺友和"战友"金龙在邮路上

金龙啊，我的老朋友。

我们都老了，我们的时代结束了，一个新的时代开始了。

我们离开了邮路，可永远都不会离开这大山大河。

往事镌刻，无怨无悔。

一点点看着这里，从靠着马班邮路联通世界，到今天大道通衢、来去自如。

这种骄傲和满足，是属于，你和我的。

——写给马班邮路的信

高原上的邮差，用脚步丈量了雪域高原 26 万公里的距离，20 余年默默无闻，却给大凉山带去了多少希望的启迪，这个马背上送信的汉子有一个闪亮的名字，他就是——王顺友！

当集编剧：肖姝等

编辑：谢风云

谭莉珊

制片人手记。

"无我"成就伟大

王顺友，说实话这是一位让我"挣扎"了很久的英雄。

初定这个选题的时候，我和导演组都有些犹豫。一个大凉山的邮递员，观众是否会认可他这个英雄？他几十年如一日地穿越错综复杂的山路，给人民送信的事迹，能感动到大家吗？

抱着一点不笃定，踩点组作为先行部队来到了大凉山的木里县。

"大凉山，中国脱贫的最后一块硬骨头。它位于四川西南部，是大雪山的支脉。海拔 2000—3500 米，个别山峰近 4000 米。"当集导演在人物背景资料中这样写道。

因为其特殊的地理环境和天气，那里的村民常年都过着物资匮乏的生活。这也给咱们初来乍到的踩点组出了个难题。

导演们坐了 7 小时的大巴到达县里后，拖着行李又打了个车，才总算到达

由于抢修电路，白雕乡每天下午四点后就会断电

节目组住在没有暖气的旅馆

了营地。

不巧的是，整个县城抢修电路，一周内每天晚上只发电 4 小时。这是争分夺秒的 4 小时。整组人每天几乎都是在黑暗中点个蜡烛吃完饭，趁气温还没"滴水成冰"之前，赶紧完成工作；零下几度的天气，三个人同住几十块钱的只有公厕没有暖气的旅馆。好在最后导演们都扛下来了。

经过漫长的沟通与等待，导演们终于见到了王顺友本人。他比想象中更朴实、寡言。只有在提及"为什么这样一份枯燥辛苦的工作你能坚持那么多年"时，导演们说"他的眼睛突然有了光"。王顺友说，"因为党和国家信任他，乡亲父老需要他，他觉得做的一切都值得"。

王顺友说这些话，我不意外。因为 2005 年他当选"感动中国十大人物"的时候就已经表达了对祖国和乡亲们的感谢。但我惊讶于他眼里的光。那是一种质拙、羞涩又热切想向你倾诉的期待，是他对这份工作的热忱和深深的爱。

为了更好地了解他的故事，我们走进了他的生活。更准确地说，我们开始和他一起生活。

导演在手机中这样写道："他的家是位于半山腰上的一个空旷的大屋子。有几间房，但是只有他一个人和一匹马、一条狗以及两只羊同住。房间里还有妻子留下的护肤品瓶子。"

不知什么时候开始，王顺友独自生活在这里，妻子和儿子一家住在县城。

我们在拍摄前把王顺友接入宾馆住，为了方便沟通，王顺友的儿子也从县城来到了宾馆。

父子之间由于常年缺少交流，爷儿俩竟不知道该如何沟通。始终打不开话匣子又尴尬的儿子，只能借机找了个理由悄悄离开。得知这一切的王顺友有些借酒浇愁的意思。他喝了点酒，有些微醺。他说"酒是我最好的朋友"。一句话，满满的盛着无奈。

在这个老人心中，或许最害怕的是被遗忘。曾经他是"全村的希望"，再艰苦的日子也是他人生中最闪亮的存在。如今退居二线的他，心里空荡荡的，无

陈辰随王顺友步行在邮路上

所适从。感觉没有人再需要他，没有人再期盼着他。

　　我不禁有些鼻酸。在这一刻我才真正体会到了王顺友的伟大。他的一生几乎是"顺应自然"，毫无二心地坚守着一份常人可能无法忍受的工作。那么多年风餐露宿，百转千回地送出数不清的信件，没有一点私心，只是因为他在完成他的工作！这种"自然"，已然自然到他自己都不会去多想一分。

　　但退休后，他的"自然"没有了，他无法再去习惯性地"顺应"了。从此他便像是"丢了魂魄"一般。他早就把他的一生都许诺给了这份工作，工作不在了，什么往后余生，都是寡淡无味。

　　试问有多少人能像王顺友一样做到一辈子只想做好一件事呢？试问有多少人能把自己一生的时间，用来履行一份责任呢？试问有多少人能够对于自己的职责不抱有任何一丝怀疑，只管付出、不求回报地低头默默耕耘呢？

　　三个试问让我坚信，王顺友就是英雄！

　　都说"从前的日色变得慢，车、马、邮件都慢，一生只够爱一个人"是一份最伟大的感动。那"从前，马儿很慢，书信很远，一生只够做一件事"又何尝不是呢？

常书鸿

——"敦煌守护神"

莫高窟，俗称"千佛洞"，坐落在河西走廊西端的敦煌。据唐《李克让重修莫高窟佛龛碑》一书的记载，十六国的前秦建元二年（公元366年），僧人乐尊路经此山，忽见金光闪耀，如现万佛，于是便在岩壁上开凿了第一个洞窟。此后法良禅师等又继续在此建洞修禅，称为"漠高窟"，意为"沙漠的高处"。后世因"漠"与"莫"通用，便改称为"莫高窟"。另有一说为：佛家有言，修建佛洞功德无量，莫者，不可能、没有也，莫高窟的意思，就是说没有比修建佛窟更高的修为了。

沧海桑田，莫高窟在这之后又历经北朝、隋、唐、五代、西夏、元等代的兴建，才形成了现如今巨大的规模。洞窟735个，壁画4.5万平方米、泥质彩塑2415尊，是世界上现存规模最大、内容最丰富的佛教艺术圣地。

然而，就是这样一个圣地，自藏经洞被发现后，却饱受摧残。它的独特在吸引了无数瞻仰之人的同时，也吸引来许多西方的考古学家和探险者。他们以偷盗或是极低廉的价格获取大量珍贵典籍和壁画，严重破坏了莫高窟和敦煌艺术的完整性。

敦煌莫高窟，她仿佛一位被缚住手脚的母亲，几千年来孤身屹立于茫茫大漠，充满爱与热情，却只能看着自己的孩子被一个一个从身边带走而无能为力。她也渴望帮助，却迟迟等不到那个对的人。

年复一年，这样的破坏一直持续到了20世纪40年代。直到1943年，敦煌，才终于迎来了那个只属于她的守护者——常书鸿。

192

常书鸿

常书鸿，在世人眼中，他是著名画家，是守护国家文化宝库莫高窟的第一人。因一生致力于敦煌艺术研究保护等工作，被后人誉为"敦煌守护神"。

他 1932 年毕业于法国里昂国立美术学校，1936 年毕业于法国巴黎高等美术专科学校。历任国立北平艺术专科学校教授、校务委员、造型部主任，教育部美术教育委员会委员。

1943 年，他出任国立敦煌艺术研究所所长。1949 年后历任敦煌文物研究所所长、名誉所长，敦煌研究院名誉院长、研究员、国家文物局顾问。

要怎样的付出，才能让一介凡人被誉之为"神"？要怎样的感情，才能让一个人用一生守望？

带着这样的疑问，"英雄探寻者"陈辰在常书鸿守护了一生的莫高窟，找到了他的第三任继任者——樊锦诗。自 56 年前被常书鸿招聘来到莫高窟，她也几乎在敦煌守护了一生。

冬日的敦煌白雪皑皑，大地一片银装。在莫高窟标志性的建筑——九层楼前，陈辰见到了已经 81 岁高龄的敦煌研究院名誉院长——樊锦诗。

"整个莫高窟，有多少岁了？"陈辰拉着范院长的手，好奇地问。

"莫高窟有 1652 岁，它是公元 366 年建的。"樊院长想了想，而后斩钉截铁地说。

"那现在一共有多少个窟？"

"从它的南面到北面，1700米长的崖壁上，一共留下来735个洞窟。"

由于敦煌曾是古代丝绸之路的重镇，也是世界四大文明、六大宗教和10余个民族文化的融汇之地，因此，莫高窟的壁画奇幻瑰丽，塑像风格多元，这在全世界都是绝无仅有的。

然而，在常书鸿来到这里之前，莫高窟是一片破败景象。

"16世纪中期，这里比较动荡，所有修窟的人都东迁走掉了，这儿就被遗弃了。遗弃的400年间，无人管理，所以常先生来的时候，这里除了九层楼修好以外，其他地方是一片破败。"

樊院长和陈辰走进323窟，这里的壁画如今已被玻璃

被华尔纳盗走的壁画

藏经洞现状

隔板隔开，透过玻璃，依稀可见墙上的壁画有着不同程度
的缺损，像是人为破坏的痕迹。

"很恶劣的是"，樊院长指着壁画不无心痛地说：
"1914年、1915年，美国哈佛大学福格博物馆派华尔纳到
这里来做所谓的考古考察，实际上，他是来窃取"。

在经过参观考察之后，华尔纳决定以壁画剥离的方式
进行文物盗劫。为了顺利进行工作，华尔纳给了当时看守
莫高窟的王道士一些礼物，之后，便用涂有黏着剂的特制
的胶布片敷于壁画表层，剥离了莫高窟第335、321、329、
323、320等窟的唐代壁画精品26块。而揭下的这些画，
则被他带回了美国福格博物馆。

他在揭取壁画时采取的这种方式极其简单、原始、拙
劣和粗暴，导致壁画受到摧残，又由于保护技术的缺失、

人为的破坏，被带走贴到福格博物馆的一些壁画已经完全破碎。

今天洞窟内，仍有他剥离壁画时留下的一些胶印。

这些胶印和残破的壁画仿佛一道道伤疤，岁月给它止了血，缝了伤，可那痕迹却永远无法抹去，还在提醒着我们，这里都发生过些什么。

离开 323 窟，樊院长和陈辰来到了 17 窟大名鼎鼎的藏经洞。

藏经洞大约 3×3 平方米，不大。1900 年，藏经洞所在的位置还是一整幅画，谁也不知道墙后藏有一个洞。一日，莫高窟看守道士王圆箓的一位手下发现墙上有些缝隙，感到奇怪，又敲了敲，声音是空的，便立刻向王道士报告。到了夜晚，两人来到墙前，一扒开里头，满满当当的佛教经典、刺绣、经卷、绢画……堆成了小山。

樊院长说道："他做了一件什么坏事呢？清政府说过一句话：就地检点封存。这句话应该说是法令，但是王道士没有执行。"

1907 年，英国的斯坦因用约 200 两银子"换"走了 24 箱手稿、5 箱绘画、刺绣等艺术文物。

第二年，法国汉学家伯希和又来此选走了质量最高的文物。

1876 年起的 50 年间，明目不一的外国考察队进入中国西北，敦煌文物大量流散。藏经洞，也由堆满宝藏的神秘宝库，变成了一个空洞。

"现在中国大概保存四分之一，四分之三都出去了。"樊院长拍了拍护栏，叹息道："所以这真的是叫人心疼的，是民族文化的大流失啊。"

"常先生来的时候，这儿一片破败，但他们看了以后并没有觉得这是个烂地方，相反，他们艺术家，一进洞简直就是迷住了。"

1943 年 2 月的敦煌，大漠苍茫，黄沙无尽。寂寞的风吹过千里无人烟。极远的地方，几个黑点跳动。

叮叮当当的驼铃里，常书鸿一行正在跋涉。他们穿着老羊皮大衣，戴着老农毡帽。寒风刺骨，他们摇摇摆摆地往前走，昏昏欲睡，疲惫不堪。终于，常书鸿挥挥手，示意大家停下休息。一行人一屁股坐到地上，解开水袋，倒了倒，却发现已经没有一滴水。

常书鸿问向导："我们已经走了一个月了，千佛洞还有多远？"

向导叹道："千佛洞在太阳的西边。咱们走过月牙泉，就到了。"

"什么呀，你昨天也是这么说的。"

"路不好走，太远了。"向导解释。

同行者也叹道："两百多里，只遇见一口臭水井。书鸿，我们的水和干粮，都不多了。"

"是啊，再不到，就要发愁了。"

为了来敦煌，常书鸿倾家荡产，把自己的画和家具都卖了，同行人不由好奇："书鸿，你为什么来敦煌啊？"

那是在 1935 年秋的一天，常书鸿从卢浮宫出来，经过卢森堡公园。根据多年在巴黎散步的习惯，总要经过圣杰曼大道，顺便遛到塞纳河畔旧书摊去浏览一下内容丰富的书籍。

为了留一点参观卢浮宫古代美术杰作的纪念，他特意去美术图片之部找寻，忽然发现了一部由 6 本小册子装订的《敦煌图录》。他打开盒装的书壳，里面，赫然躺着甘肃敦煌千佛

1933 年常书鸿一家在巴黎合影

洞壁画和塑像图片 300 余幅。这些距今近 1500 年的古画，使他惊异万分，甚至不能相信。

　　第二天一早，他又来到展出着许多伯希和从敦煌盗来的唐代大幅绢画的吉美博物馆。在那里，他看到了一幅公元 7 世纪敦煌佛教信徒捐献给敦煌寺院的《父母恩重经》。这幅画，时代早于文艺复兴时期意大利佛罗伦萨画派先驱者乔托 700 年，早于"油画之父"、文艺复兴时期佛拉蒙学派的大师梵爱克 800 年，早于长期侨居意大利的法国学院派祖师波生 1000 年。这一事实，让他看到拿远古的西洋文艺发展的早期历史与我们敦煌石窟艺术相比较，无论在时代上或在艺术表现技法上，敦煌艺术都更显出先进的技术水平的事实。他不由为自己只知有希腊、罗马、文艺复兴，却不知自己的祖国就有这样艺术的高峰而感到惭愧。自此，敦煌便在他心里扎下了根。

　　常书鸿接着道："那个时候，我就跟自己立了誓，我说有一天，我一定要来敦煌。只是后来，我越研究敦煌，就越痛心它的遭遇。我们自己人，没有保护它、研究它。我恨我自己，我来迟了、来晚了。"

　　短暂的休息后，一行人再次踏上旅途。不知走了多久，戈壁和黄沙之间，向导忽然开心地跳起来指向远方。随着他指的方向，常书鸿和同行者眺望，隐隐约约，是敦煌千佛洞的影子。

　　不知是谁，带头先催促骆驼。大家叫着跳着，向千佛洞的方向疾行。

　　风尘仆仆地走进佛窟，就着熹微的光，他们环身四顾。斑驳的、褪色的，却无比美丽的敦煌壁画，近在咫尺。

　　常书鸿快步走到壁画前，拿着油灯的手微微颤抖："看那线条和图案，气势磅礴，一幅绚烂景象。"

　　"真是百闻不如一见呐！"

　　"太神奇了，我都不敢相信，这是属于敦煌的艺术。"一行人不由赞叹。

　　常书鸿的眼里盛满了光芒，他对着壁画念叨："敦煌，我来了。敦煌，我们

樊锦诗向陈辰介绍莫高窟

来了。"

"樊院长，您当时来的时候，还记得第一次见到常书鸿先生的样子吗？"陈辰和樊院长参观着敦煌瑰丽的壁画，好奇问道。

"记得，"樊院长肯定地点点头："我第一次见他，这是常书鸿吗？他穿了一身洗旧了的、褪了色的，过去叫'干部服'。穿了个布鞋，架了副眼镜。当时就第一面，大名鼎鼎的画家常书鸿先生就这么的土。"说到这儿，陈辰和樊院长都不约而同笑起来。

"但他一开口说话，真不一样。当时就想，前辈们太了不起了，他们什么也没有啊。所以我想我们愿意留下来，都是无怨无悔的，也觉得是值得的。献了青春献终生，整个敦煌就是他，他就是敦煌，我觉得真是了不起。"

谈话间，两人离开洞窟，来到常书鸿先生生前居住的小屋。这是一间雍正年间盖的寺庙，一进门，两棵大树立于两侧，虽然在寒冷的冬日只有光秃秃的树干，却依旧显得挺拔坚韧。

樊院长介绍："这是常先生住的院子，这个面貌没变。"而常先生工作、

一家三口在莫高窟洞窟内

生活的地方，一切也都还保持着原样。一扇关不紧的门、自己用木头打的毛巾架、铁皮浴盆……简陋却处处可见温馨。

"这儿是什么时候通上电的？"陈辰问道。

"1981年。之前没有自来水，没有电。"

"1981年通上电，1982年常先生就搬走了。"

"1982年以后他断断续续还是来过，"樊院长说道："他自己是留法的，所以尽管地方很艰苦，还是很有艺术性，他还是过得很充实。"

"但是他也不容易，那会来到这边的时候，肯定一开始是因为心里有这个艺术殿堂。然后一到这儿发现忙活的全是生存方面，要怎么活下去的一些事情，是吧。"

陈辰和孙儒僩先生

　　两人走出房间，樊院长指着院子里的一个小磨介绍："这个是磨，他们自己磨面粉，那时候生活就是那么艰苦啊。"

　　解放前，常书鸿的生活就是这样，什么东西都得靠自己，一边搞艺术，一边要解决温饱问题。

　　"那他们真的不容易，你说常先生一个画家从法国回来，这些都得从零开始学起来。"陈辰不由感慨。

　　"是是，你这话放上去很对。这是艺术的魅力，也是他对艺术的特别的热爱。"

　　"您是不是也越来越能理解他当时的心情？"

　　"理解，理解，我们现在都理解。"

　　挥别樊院长，陈辰乘车来到孙儒僩先生的家中。他在

20世纪40年代进入敦煌研究院，是常书鸿先生招收的第一位建筑专业的守护者。而如今，他也已经94岁高龄了，也是唯一一位还在世的，第一批进入敦煌研究院的先驱者。

1946年冬，孙儒僩从四川省立艺术专科学校建筑科毕业。第二年，常书鸿通过学校校长，为敦煌艺术研究所招聘一个学建筑的工作人员。当时毕业生中没有人愿意去遥远的敦煌，但对孙儒僩来说，敦煌一直对他有吸引力。于是，他辞掉重庆一份很好的工作毅然决然来到了敦煌。

在孙儒僩的记忆里，常书鸿非常讨厌沙。

莫高窟开凿于鸣沙山东麓的崖壁上，顶部便是绵延25公里的大漠戈壁。每天从塔顶吹落的大量流沙，会覆盖住库内的脆弱文物。

"在莫高窟的中部沙最厉害。"孙儒僩说："现在的二层洞子，当时我们搭个5尺高的梯子就可以上去，你说沙子堆得多高？下层洞子，基本上沙子和门齐高了，到处可见一堆一堆的沙，沙堆上都长了草。好多洞子前面已经坍塌了，非常精彩的东西，暴露在阳光下面。可恶的沙！"孙儒僩挥了挥拳头，仿佛眼前就是一堆堆的沙堆。

"所以他从1943年就决心修个围墙，从上到下1000米左右，把莫高窟包起来。"孙儒僩说。

可是想修墙，也没有那么容易。常书鸿是一个初来乍到的艺术家，没有钱，不懂工程，和县上多次交涉，费了很大的劲，却没有什么进展。

直到有一天，他偶然发现两家饭馆正用沙土筑起一堵小围墙作为买卖小店。他心里一震，赶忙过去观看。只见他们用沙土加上水，然后夯实，小墙便筑起来了。他急忙向他们打听，这种办法，能否在千佛洞打一堵长围墙。在得到了肯定的回答后，常书鸿差点像小孩子一样高兴地跳起来。真是"山重水复疑无路，柳暗花明又一村"，修围墙的计划又在他脑海升腾起来。

时间过得飞快，转眼就到了十月初八。十月初八是释迦牟尼的生日。敦煌县的人倾巢而出，到莫高窟来逛庙会。庙会期间，莫高窟车水马龙，熙熙攘攘。赶庙进香的人们络绎不绝地涌进千佛洞，把常书鸿吓了一跳。

这一派节日氛围下，随之而来的是秩序维持和石窟保护问题。小娃娃拿着树枝就在洞里画。洞窟搞脏了，树林中不少树皮和枝丫也都被牲口啃得一团糟。虽然县里出了"布告"，但却无济于事。

常书鸿见到此景，再次同县里交涉，让"县太爷"来看看情况，采取措施，并趁此机会，再次提出修筑围墙的问题。他把老乡修土墙的情况告诉了县里来的"县太爷"，并说："修墙一方面是今后防止游客破坏，一方面是防风沙侵蚀。如果不修墙，继续损坏下去，责任理应由县里负责。"这一来，"县太爷"怕负责任，勉强同意派人来研究修墙计划。修墙这件事总算有了一线希望。

仲夏的敦煌，白杨成荫，流水淙淙，景色宜人。在经历了无数推诿妥协之后，修建围墙的计划终于紧张有序地开展起来。

为了整理洞窟，首先必须清除常年堆积窟前甬道中的流沙。治沙，便成了当时常书鸿与孙儒僩最繁重也最重要的工作。

清除积沙的工作是件繁重的劳动。雇来的一些民工，由于没有经验，又不习惯这种生活，有的做一段时间便托故回乡，一去不返。为了鼓励剩下的民工，莫高窟的职工们也会轮流和他们一起劳动。

据工程师估算，单这些积沙就有10万立方米之多，再加上还要修补那些颓圮不堪的甬道、栈桥等等，工作很难短时间完成，只能一步步地干。当时人手少，条件也很艰苦，但大家初出茅庐都想干一番事业，所以情绪都还不错。

"连续2—3年，我的工作就是修防沙墙。两个人，常所长是组长。我们怎么修墙呢？从敦煌雇上民工，搭上架子，然后就把土坯运到山上，然后修成一段一段的墙。"

大家打着赤脚，用自制的"拉沙排"，一人在前面拉，一人在后面推，还喊着号子互相比赛。把积沙一排排推到水渠边，提闸放水，把沙冲走。

"大概修了四五吨，第一段大概有十几二十米，当年确实有作用，沙子就不流下来了。"孙儒僴说。

当他们通过自己的劳动，看到围墙挡住了牲畜的啃咬和破坏，里面的幼林生长得郁郁葱葱，工作人员及参观游览的人能在安全稳固的栈道上来来往往时，心里都充满了喜悦。

"莫高窟有了围墙，以后就有人管理了，不是无人管理的状态了。文物被盗，文物被破坏，这就算是结束了。"

然而，治沙仅仅是保护莫高窟的一部分。这项工程不仅辛苦，也充满了危险。为了修缮莫高窟，常书鸿经常需要攀爬岩洞。当时他们没有长梯子，只靠根长的杨树椽子，每隔30厘米钉上一个短木棍制成"蜈蚣梯"，手脚并用地向上攀登。

有一回调查结束后，正准备下来的常书鸿不慎将梯头移位，梯子倒了。他和同事被困在了洞中，上不着顶下不着地。

其中一个稍有经验，瞧了瞧四周的情况说："如今只有崖头爬陡坡上山顶。险是险些，好在路不

1942年的莫高窟，常书鸿爬着"蜈蚣梯"进窟

长，只有一二十米。我先爬给你们看看。"说完，他弯腰躬身，十分敏捷地爬了上去。一个艺专学生，自恃年轻，也奋勇往上爬，谁知刚爬到小半，连声大喊"不行，不行"站住了。

常书鸿也不示弱，试着跨了几步。原以为坡上的沙石是软的，用大力一蹬会踩出一个窟窿，没想到下面砾岩很硬，弹力特大，反而站立不稳，常书鸿一个趔趄，差点摔下去。

最先爬出去的同事看到他们这样狼狈，知道不好，忙高喊："你们都原地站住，不能再动了，我这就下山去拿绳子。"隔了好一阵，他拿回了绳子，从山顶吊下来，才把常书鸿和其他几人都拉到了山顶。

那个时候的敦煌，一方面是生活艰苦、危险，一方面又是在那么偏远的地方，整天面对着黄沙。孙儒僩没有想过他会在那儿，一待就是一辈子。他曾和他母亲保证两年就回来，后来却一直待到退休。问起原因，他感慨地说："一两天时间我们把洞子浏览了一下，当时我就特别惊讶。外观和环境那么荒凉、那么残破，但是洞子里头又那么丰富、那么精彩，简直是强烈的对比，心头不平静。所以你们到了莫高窟，看见石窟那工程，看见那些房子，看见大牌坊，看见慈氏塔，这些东西，都与我们分不开。我感觉到我的心也在那个上头。"

孙儒僩和妻子李其琼都受常书鸿的感召，走进了这片大漠，和常书鸿一起竭尽所能守护着莫高窟。孙儒僩承担了新中国成立后所有莫高窟的加固工程，而他的妻子李其琼则是敦煌临摹壁画最多、造诣最高的画师。

谈起葬在莫高窟的妻子，孙儒僩说："我死了以后也葬在莫高窟，还留了我的位置。常书鸿死在北京，他也回到敦煌；段文杰（编注：敦煌研究院原院长）死在兰州，也葬到敦煌，都愿意回到敦煌。我们在那个地方，就可以望着莫高窟。我们觉得我们的一生，已经献给敦煌了。我们死了就

陈辰和常沙娜

1935 年常书鸿绘《沙娜像》，后被法国国家收藏，现藏于法国吉美博物馆

放到那里，我觉得也挺好的。"

一代又一代的年轻人来到了常书鸿的身边，最后不约而同作出了相同的抉择。

428窟里，有一幅《萨埵那太子舍身饲虎图》，这幅画，是常书鸿生前最喜欢的一幅画。画里的萨埵那太子为了拯救山崖上快饿死的老虎，纵身跳崖以身饲虎的故事，宛如隐喻了常书鸿舍弃一切守护莫高窟这座伟大艺术宝库的一生。

那么，他所做这一切，可曾有过遗憾？可曾对当初的选择有过挣扎？也许北京一位老人能回答这些疑问。

陈辰驱车来到位于北京的常沙娜工作室。如今88岁的常沙娜老人是前中央工艺美院院长，也是常书鸿的女儿。

1943年，她跟随父母冒着硝烟来到敦煌，目睹了父亲常书鸿在动荡中执着地守护莫高窟。

抗日战争爆发以后，海外的学子抱着我们都是中国人的念头纷纷归国。常书鸿把一家安顿到重庆以后，又开始筹划去敦煌的事。他同梁思成、徐悲鸿商谈此事。梁思成说："你这破釜沉舟的决心我很钦佩，如果我身体好，我也会去的！祝你有志者事竟成。"徐悲鸿也对他的决心给予了热情的支持和鼓励。他对常书鸿说："我们从事艺术工作的人，要学习玄奘苦行僧的精神，要抱着'不入虎穴，焉得虎子'的决心，把敦煌民族艺术宝库的保护、整理、研究工作做到底。"于是，常书鸿在他们的帮助下，用他搞展览卖画的钱作为去敦煌的路费。

不曾想，到了敦煌后，仅一眼，他就走不开了。并且为了表示一辈子要落脚在莫高窟的决心，他不但自己去，还决定带着全家——他的妻子、女儿还有儿子，一起到敦煌去。为此，常先生和妻子陈秀芝闹了矛盾。可最终，妻子还是没有拗过常书鸿，他们一起踏上了去敦煌的路。

1939 年常书鸿一家合影

1941 年在重庆凤凰山
与新生儿子常嘉陵全
家合影

去敦煌没有火车，他们一家只能坐卡车。卡车从重庆到兰州，坐了一个多月，从十月的秋天一直到冬天。好不容易熬到敦煌，第一顿饭，谁也忘不了——一碗醋、一碗盐，再配一碗面条。

莫高窟到处都是荒漠，是沙漠、戈壁滩，没有菜，更不要说可以烹饪的其他东西。当时 12 岁的沙娜意识到，敦煌的生活，对于全家来说，都不会是一个容易的开始。

曾经在巴黎的艺术沙龙里谈笑风生的留法艺术家，又要如何在大漠风沙中扎下根来？

常沙娜回忆，她的母亲陈秀芝是摩登的，爱穿旗袍。到了敦煌后，大家都穿起了老羊皮，可她顶多穿一个棉旗袍。敦煌的冬天，冻得不得了，常书鸿一再劝她，她都

1935 年常书鸿在巴黎与朋友合影（左起王临乙、常书鸿、吕斯百、李有行）

1934年留法美术学会成员在常书鸿家中聚会（左到右：常书鸿、陈芝秀、王临乙、陈士文、曾竹昭、吕斯百、韩乐然）

说难看有味儿，不喜欢。可时间久了，又冷又冻，最后不得不换下了她钟爱的旗袍。可这，也为后来的离开埋下了伏笔。

终于有一天，常书鸿结婚二十年的妻子因忍受不了敦煌的艰苦生活条件决然离家出走。常书鸿发现后，骑马去追，却在途中精疲力竭摔下来，幸亏被玉门油矿的人发现，才救了一命。

妻子走后，两个孩子无人照管，一切都落在了常书鸿的肩上。本来工作中困难重重，这一下，又是雪上加霜。

然而打击接踵而来。国民政府敦煌县里头有一些官员不把莫高窟当文化来看，要把石窟里的彩塑拉走，画也要摘下来拿走。

1944年常沙娜初到敦煌

常沙娜回忆："我爸爸说不行，这个绝对不能拿去。他说，沙娜，你赶快临摹一个吧，给他们带走。这样，就补上了，他们没有再把原作拿走。"

后来正式成立了敦煌艺术研究所，常书鸿被任命为所长，当时有人建议这个研究所应该设在兰州，被常书鸿否决了。他说，我们身在敦煌、研究敦煌，必须在敦煌。他一直坚持，再苦也要在敦煌。

他本是从艺术的角度欣赏传统文化，但到了之后，他不仅仅是研

1946年常书鸿与女儿、儿子在莫高窟林荫道合影

究艺术了，条件不够。这些困难逼着他一个一个地解决。敦煌都是荒漠，他便下决心提倡种树。

常沙娜说："苍天杨就是适合甘肃的一种杨树，要继续种下去。完了要种菜，缺少什么就要种什么。他这个思路越来越扩大，不仅是艺术，连生活连农业这些东西，他自己还带头去种。他不懂种树种菜，慢慢也学会了。虽然压力很大，但他很乐观。"

即便遭遇了种种不幸，常书鸿留在敦煌的决心，也从来没有动摇过。

常沙娜感慨道："要没有敦煌研究所的话，没有保护的话，那这些东西都没了。"在她的印象里，常书鸿是很执着的："我才知道什么叫'杭铁头'，他是杭州的'杭铁头'，我爸爸是想好的事必须要做。"

1949年，敦煌佛窟前。一只眼睛正从土墙的缝隙向外观望。他穿着脏旧重的羊皮袄子，嘴唇冻出许多干裂的口子，呼吸在空气中形成白霜，手里是一把破旧的猎枪。这是常书鸿，他刚画完画，正过来接替自己的学生守夜。

"这里有狼。晚上你一定要带着这个，蒙古人打狼用的。挥起来，狼就害怕。"他边说边从腰间解下一个东西，那是一个类似曲棍球棒的棒状物，顶端弯曲处用铁链系着一个铁砣。是蒙古打狼的武器"布鲁"。

墙外伸手不见五指，寒冷的月光延伸进沉沉的夜，仿佛潜藏危机。

"时局太乱。人比饿狼可怕。"

"我们这几个人，四条破枪，守得住千佛洞么？"学生问道。

"守不住也要守。去年国民党政府想让我把一批文物送过去，我想了好多办法才给蒙骗过去。敦煌艺术，国之重宝，不能让它落到无道者的手里。"

"他们要敢来，我和他们拼了！"受到感染，学生大声表态，却被常书鸿一把按住。

"好像有人。"常书鸿警惕道。他眯起眼睛，再短暂端详一会，忽然猛地抢过猎枪，透过缝隙指向前方，枪口不自主地抖着。握枪的手上，颜料斑驳。

他小声地叫道："去叫人，快！"

学生想要抢过猎枪，代替常书鸿守在这里，却被用力推了一把。常书鸿眼睛不敢离开前方："这是命令，快去。"

学生不再犹豫，向身后的佛窟跑去。

常书鸿盯着远方黑暗处，那里仿佛有人影。身后是学生渐渐远去的脚步声。他深呼吸，再深呼吸，手和枪口依然不自觉地发抖。仿佛下了很大的决心，"嘭"，他向夜空中开了一枪，警告来者："什么人！"

"老常，是我！"

听出来人的声音，常书鸿松了一口气，放下枪喊道："老林！"便爬出土墙，向外走去："老林，这大晚上的，来干什么

常书鸿（王阳饰）举枪守护莫高窟

来了……"

老林不等常书鸿说完，便激动道："我特地来告诉你，敦煌解放了！"

常书鸿仿佛不敢相信自己的耳朵："你说什么？"

"我说，国军已经被打跑了，敦煌解放了！"

正说着，黑暗中几个人大喊着常老师向他们跑来。他们拿着武器冲到常书鸿身边："老师你没事吧？"

常书鸿示意学生放松，喜道："我有什么事。我朋友给咱送信来了，敦煌解放了，千佛洞安全了！终于来了，敦煌的新时代，终于来了！"

新中国成立以后，常书鸿开始着力于推广与宣扬敦煌的艺术。正是在他的组织下，国内敦煌艺术研究才成为一门专门的学科，改变了曾被外国学者嘲讽的，"中国虽有敦煌，却无敦煌学"的可悲局面。

1951 年春，常书鸿为配合抗美援朝运动，在北京故宫午门楼主办了敦煌文物展览，并亲自担任讲解。周恩来总理前来参观，并说这一展览将会起到爱国主义教育作用。参观展览的人成千上万，看到人民空前的爱国热情，常书鸿的思想也发生了巨大变化，他在思想小结中写道："只有共产党才能把中国带上富强的道路。"翌年，他正式写下入党申请书。经过考验，1956 年"七一"时，党组织正式接受常书鸿加入中国共产党。

后来，他多次赴日本、印度、缅甸等国，举办敦煌画展，曾创下日本购票参观艺术展会人数最高纪录。这对于宣传中华文化艺术，重建民族文化自信有着极大的推动作用。

1982 年，年近八旬的常书鸿因身体原因被调任北京。从 1943 年初入敦煌，他日夜守护这里已经 40 年。耄耋之年迁居北京后，常书鸿每天不停描绘的，还是敦煌壁画中最经典的形象——飞天。和人诉说的，也总是敦煌。

他还同第二任妻子说："这不是我的家，我在北京做客，将来去世了以后，我还要回敦煌。"甚至到病重的时候，他还说："我的画要回去，在敦煌临摹的东西还是归敦煌研究院。"

1987 年，常书鸿最后一次回到莫高窟。

1994 年，常书鸿辞世，遗骨被送回莫高窟三危山公墓。

2019 年 1 月 27 日，在即将结束访问的时候，陈辰与敦煌研究所第二任所长段文杰之子段兼善同行来到莫高窟对面的三危山公墓。这片小沙丘上，静静长眠着常书鸿和被他感召而来的第一代守护者们。

常书鸿曾给常沙娜写过一个纸条，他说："沙娜，不要忘记你是敦煌人。"而现在，常沙娜也给她父亲回了一封信，她写道："爸爸你放心，我没忘记自己是敦煌人，我一直遵守您的教导，时时关心莫高窟艺术的发展，谨记

陈辰与段兼善祭拜常书鸿先生

您的话，弘扬敦煌，我会坚守下去。"

在距离常书鸿墓不远的地方，葬着孙儒僩先生的妻子李其琼。陈辰受孙儒僩的委托，带来了他的一封信。

"荏苒光阴忽六年，梦里逢亲语缠绵，风沙雨雪常相侵，沙丘卧处可安眠，遥望莫高是净土，七宝地边享安然。"

对于常先生他们这一辈人来说，生和死就是跨过那条河，他们生前是守护莫高窟，死后是守望莫高窟。

如今，莫高窟终于在肆虐的风沙中幸存下来。主体加固工程已经彻底完成。现代技术不仅永久留住了莫高之美，也为流失海外的敦煌文物提供了数字化回归的途径。今日的敦煌，就是常书鸿等老一代守护者们所期盼的时代。

陈辰与段兼善一起祭拜李其琼

敦煌研究院75年事业的发展，凝聚的是几代莫高窟人的心血。而新一代的莫高窟人，也将延续前辈们的足迹："我们守住敦煌，守住初心，牢记使命，我们永远在路上。我将坚守大漠，甘于奉献，勇于担当，开拓进取，像守护自己的生命一样，守护敦煌，守护莫高窟，尽我最大力量，不让国之瑰宝受到人为伤害，不让风沙侵蚀她的容颜，不让时间带走她的光环。"

敦煌已经1600多岁，每过一天就有壁画褪色剥落，守护它的人千里迢迢来到这里与时间赛跑。保护林木，拼死守护。他们毕生的心愿，就是要令敦煌重现光芒。

常书鸿说:"我不是佛教徒,不相信有转世。不过,如果真的可以再一次托生为人,我将还是常书鸿,继续守护敦煌莫高窟。"

当集编剧:王运辉等

编辑:王月莹

永生的相望

鸣沙山怀抱琵琶，

从沙粒中发出的乐音，

和着月牙泉的霓裳之舞，

一弹就是千年，

月牙泉一跳也是千年。

这对恩爱的夫妻，

千年里飞舞在敦煌的上空，

从此世间有了飞天，

从此天上也有了人间。

——《飞天舞》

我们第一次与莫高窟"九层楼"相见的景象，美得像画一样。

洁白的飞雪轻盈地在空中舞动。划过檐橼，穿过挑廊，轻轻地贴在门廊的廊柱上，最后与廊柱的一抹朱红，融为一体。

凡到过敦煌的人，都会对石窟群正中这幢九层高的建筑印象深刻。

这座依山而建的"九层楼"是洞窟里最高的建筑。它像极了一个巍然矗立在莫高窟的守护者，凝望着来到这里的每一个人；檐角系着的铃铛，随风作响，铃声勾勒这个地方的每一段回忆。

我们这集的主人公，常书鸿先生，也是这角铃的知音。

陈辰在"九层楼"下

　　据说常老与角铃作伴几十年，去到北京后听不着这"老邻居"声音，特别不习惯，只得在窗前挂起一串铃铛，听个声响，念个过往。甚至连常老自撰的回忆文章都以《铁马叮咚》作题。这角铃响，早已像心跳声一样，印入身体。

　　而这只是敦煌莫高窟其中的一部分，他真正深爱的是整个敦煌莫高窟，是这里的文化高度和肩负传承的责任。

　　常书鸿先生的长女常沙娜至今留存着父亲的一张字条。沙娜老师小心地将它"裱装"在一张卡纸上，用塑料纸封存起来。字条上常书鸿先生写道："沙娜，不要忘记你是敦煌人。"这句话，也是常书鸿一生的写照。

　　在许多人看来，常老当年卖掉画作凑成路费，千里迢迢来到敦煌，甚至还把一家老小一起从优渥的环境中带到这个荒芜的大漠，简直就是"疯了"。但就是靠着这股可爱又可贵的"傻劲"，我们的艺术瑰宝才得以保存，人类的文明才得以被发扬光大。

常沙娜向陈辰讲述敦煌的故事

有人说，艺术家与科学家在某些地方有着惊人的相似之处。他们都会为了追求真理而去不断探索新的道路。对于事业，他们所拥有的热情和执着，往往是外人难以想象的，甚至在有些人的眼里已经到达痴狂的程度。为了他们热爱的事业，他们废寝忘食、百折不屈。

94岁的孙儒僩老人是常老第一批招到敦煌的工作人员，后来也担任过敦煌研究院保护研究所所长。

他耳朵已经完全听不见了。我只能把要提的问题写下来给他看，但其实他的眼睛也花了。但他一直朗声侃侃而谈，沉浸在早年的回忆中。时隔那么多年，莫高窟的房子、牌坊等建筑，依然在老人的眼前。他仿佛又回到了那个熟悉的地方。他说："我感觉到，我的心也在那个上头。"

采访结束的时候，他拜托我们去敦煌做两件事情。一是代他去抚摸一下那些他一砖一瓦砌出来的围栏。二是代他去看看老伴儿。他的爱人李其琼先生是敦煌

孙儒僩先生回忆莫高窟过往

陈辰与段兼善祭拜常书鸿时天气突然晴朗

莫高窟临摹壁画最多、造诣最高的女画师，如今长眠在莫高窟对面的公墓。孙儒僩老人深情地说，我活着是回不去敦煌了，就等着死了以后回那里和她团聚。

敦煌的几代守护者，出生和成长于全国各地，但他们无一例外，把敦煌当做自己真正的家。死后能守望莫高窟，是他们毕生的心愿和荣耀。

拍摄的最后，我们决定去祭拜一下常老先生。

在"九层楼"的对面，穿过河床有一片不易发现的公墓。那里长眠着常书鸿、段文杰、龙时英、李其琼等一批为莫高窟奋斗一生的前辈。

他们生前守护着这片土地，死后也继续守望着这份难以割舍的爱。

拍摄那天，下着大雪，天色也显得有些阴沉。但当我们走上公墓，来到常书鸿先生的墓前时，天空突然晴朗开来。一道阳光透过云层照下来，洒在墓碑前面。

极端天气酿就极致大美。在这几天的拍摄中，我越走近莫高窟，就越发现她不是历史的标本，而是热烈的生命！你多爱她一分，她就多回报一抹美丽。我慢慢开始理解，常书鸿、段文杰、樊锦诗，一代代画家、考古专家，何以在食不果腹、风沙肆虐的年代，放弃优越的生活，扎根于大漠，守护敦煌，把这里当成最终的归宿。这不仅是一见钟情，更是在相处与互动中的日久生情，至死不渝。真正的美，从不辜负。

我想，常老先生他们在天有灵，也一定会为现在莫高窟的景象而感到欣慰吧。就像常老最喜欢的《萨埵那太子舍身饲虎图》里描绘的意境，常老这代人舍弃一切来侍奉艺术，侍奉这座伟大的民族艺术宝库。正因为有了他们这批与时间赛跑的人，敦煌莫高窟的文化才得以被重视；因为有了他们这批与命运较劲的人，敦煌莫高窟的艺术才得以被传承。从此世间有了飞天，从此天上也有了人间。

今日敦煌终于迎来了常老所期盼的时代。而常老这代人的精神也将与敦煌的山河同在，被世人永远铭记。

"桑吉"轮
救援四勇士

与之前不同，本次《闪亮的名字》栏目组计划寻访的，并不是一个人，而是一艘大船；不是这艘大船建成以来的荣耀光辉，而是在它的生命走向尽头的最后 8 天里，发生在它身边的许多可歌可泣的故事。

这些故事中，每一个故事都有各自的主人公；但他们的身上却有着许多共同的标签。他们来自同一座城市，驻守在同一片领域，肩负着同一种使命，享有着同一个的名字。或许他们从不曾走入我们的生活，与我们产生任何的交集；但他们总是站在我们关注不到的地方，默默无闻地保护着每一个人的安全。

接下来，就让我们通过"桑吉"轮的故事，走进他们的世界，一同去感受来自上海的海上救援者们用自己的勇气和生命给世界带来的慰藉与感动。

"桑吉"轮，是一艘隶属伊朗光辉海运有限公司的巴拿马籍油船，2008 年第一次下水，总长度为 274.18 米，横梁 50 米，载重吨位为 164154 吨。2017 年 12 月 16 日，这艘巨型油轮载着 32 名船员以及 11.13 万吨凝析油，自伊朗阿萨鲁耶港出发，计划驶往韩国大山港。

2018 年 1 月 6 日，就当"桑吉"轮即将完成本次海上运输任务的前夕，谁也没有想到，一场灭顶之灾正在向这艘服役不到 10 年的巨轮以及船员袭来。当晚 7 点 51 分，当船行驶到中国长江口以东约 180 海里处时，突然"轰"的一声，"桑吉"轮与中国香港籍散货船"长峰水晶"轮发生碰撞。

"桑吉"轮上运载的凝析油，又称天然汽油，常温下为浅褐色液体。凝析油与水接触后会快速挥发，水面残余少，但会弥漫在空气中，遇明火极易引起爆炸。剧烈的撞击造成了"桑吉"轮的船体局部失火，同时撞穿了油舱，渗流而出的凝析油一遇明火立即发生爆燃，随着一声又一声的爆响，东海上空顿时火光冲天、黑烟滚滚。震惊世界的"桑吉"轮海难事故发生了。

为了还原"桑吉"轮事件的始末，陈辰首先走访了东海救助局麾下"东海救101"轮的船长徐卫国。

"东海救101"轮，由上海船舶研究设计院设计、广州中船黄埔造船公司建造。该船总长116.95米，型宽16.2米，型深7.8米，最大救助航速22节，续航力10000海里，是中国大陆自行设计的救助船舶系列中尺度最大、功

徐卫国向陈辰讲述事故经过

率最大、航速最快、抗风能力最强、救助功能最齐全的海洋专业救助船，也是国际上最先进的救助船之一。该船曾参与马航 MH370 失联客机搜救任务，在海洋救助方面有着非常丰富的履历。

当天晚上 8 点 30 分前后，"东海救 101"轮在收到上海搜救中心发布的搜救指令后，立刻出发前往现场。作为第一艘来到现场的搜救船，徐卫国船长在第一时间目睹了现场的惨况。

"我们的船大约是在凌晨 4 点的时候来到了现场，当时天还没有亮，在十几海里外就可以看到海上火光冲天，整整照亮了半个天空。"更糟糕的是，一次又一次的爆炸令火势越来越大。"事故现场上面一会儿腾起一个蘑菇云，一会儿腾起一个蘑菇云，一道道黑烟和白烟交替升起，缠绕在一起，最终变成一道长长的焦黄色的烟，在火光上清晰可见。"

"我从事海上救助工作已经 20 多年了，但是这么危险的情形、这么大的场面，从来没有见过。我们船上的一些年轻救援队员也会问我：这烟雾有毒吗？会不会有危险？作为船长，我深知自己的工作不仅仅是开展救援，同样也要安抚年轻同志们的情绪。我对他们说：放心，上级领导查过了，不会有危险的。但到底会不会有问题，能不能救下人来，我心里也吃不准。"

"我们赶到的时候，各方面的情况都不明朗，信息也不全。我们就尝试根据船的名字调查这两艘船的相关资料，包括调查船上装的是什么货物。与此同时，我们立刻开始水面搜索。根据海洋救援机制，我们有权利要求调动现场船只参与救助。我们组织了周边海域的两艘商船和几艘渔船，一起在周边海域寻找有没有落水的船员。但是现场的情况太惨烈了，想要靠近'桑吉'轮却又没法靠近，只能在一公里外搜索，而且下风口实在不敢去。"

完成海面搜索后，徐卫国船长初步明确了周边的情况。接着，在接到搜救中心的后续指令后,"东海救101"轮决定将救助重心放在营救"长峰水晶"轮上的21名船员上。

"在撞船之后,'长峰水晶'号上的21名船员在第一时间弃船逃生,被正在附近的一艘中国渔船'浙岱渔03187'救起。当时海面风浪达到了6—8级,小小的渔船上载着20多名船员,情况也是相当危险。所以我们接到的任务就是把这21名船员接上我们的救助船,保证他们的安全。"

"长峰水晶"轮是一艘大型散货船,隶属浙江温岭长峰海运有限公司,船建于2011年,船身长225米。2017年12月15日,它从美国卡拉马港出发,载着6.4万吨黍米计划驶往中国广东东莞卸货,船上有21名船员,全部为中国籍。

冬日凌晨,东海海面上风大浪急,气温低至零下。即便已经登上了相对安全的渔船,弃船逃生的21名"长峰水晶"轮船员依然惊魂未定、心有余悸。他们面色惨白、衣衫不整。有的赤着脚,有的只穿着秋衣秋裤,有的身上被海水打湿,冻得瑟瑟发抖。而比起身体的寒冷,内心的惊恐更为可怕。当"东海救101"的船员前来救援时,他们提出的各种令救援队无法回答的问题将他们心中的恐慌与无助赤裸裸地暴露了出来。

"我的职业生涯是不是就要完蛋了?"

"另一艘船上的船员还能救回来吗?"

面对这些惊恐至极的逃生者,救援队员只是淡淡地一笑:"兄弟,你刚刚死里逃生,别害怕,上我们船上先压压惊吧!你们放心,祖国不会不管你们的,我们一定会安全地把你们都送回家!"

21名船员登上"东海救101"轮后,徐卫国船长给了他们细心周到的照料。他安排获救船员在餐厅休息,为他们煮了面条、熬了姜汤,还给大家发了御寒用的毛毯、棉服。此外,要求船医逐一检查获救船员的身体情况,及时医治受伤船员。不仅如此，考虑到他们心理状况不甚稳定，徐卫国要求救助队及时关注被救船员的心理情况，确保万无一失。

情况基本稳定后，"长峰水晶"轮的船长来到控制室，向徐卫国申请希望能重新返回"长峰水晶"轮。这样的要求，徐卫国自然没有答应。但同为船长，心系爱船安危的心情，徐卫国也能感同身受。于是，"东海救101"轮的下一项任务，就是想方设法保证"长峰水晶"轮的安全。

在与"桑吉"轮发生碰撞后，"长峰水晶"轮上同样发生了火灾，但与"桑吉"轮相比，未装载易燃易爆物的"长峰水晶"轮显然要好得多。只是由于船员弃船逃生前无暇停船，无人操控的"长峰水晶"轮一直呈螺旋形在大海上逆时针漂移，每7分钟船身就会转一圈。在了解情况后，徐卫国制定了严密的救援计划——先想办法让船停下，再把火扑灭，最后把船带离危险区域。

借助搜救船上特殊的登船设备"吊笼"，3名救援队员成功地登上了"长峰水晶"轮。他们进入驾驶舱，顺利地关闭了船只的动力系统，止住了船体打转的趋势。"东海救101"轮随即开始灭火。大约3个小时后，"长峰水晶"轮上的火全部熄灭，徐卫国再次派遣队员登船，对该船进行全面检查。所幸，撞击和火灾并没有对船只造成致命影响。

此时，另一艘救助船"东海救118"轮也已经奉命抵达现场。根据指挥中心的指示，徐卫国将救助"长峰水晶"轮的任务交到了"东海救118"轮手中。2018年1月7日晚，"东海救118"轮护送着"长风水晶"轮安全驶离事发区域，停泊在浙江舟山港。而"东海救101"轮则继续留在现场，参与"桑吉"轮的搜救工作。

至此，"长峰水晶"轮的救援行动顺利完成，船上21名船员全部获救，船只安全撤离。然而在另一边，"桑吉"轮却依然持续地发生着爆燃、爆炸……随着时间一分一秒地流逝，针对"桑吉"轮的救援行动是否有了进

"海巡01"号

展，船上的 32 名船员又能否获得一线生机？

为了了解这些问题，陈辰找到了当时在救援现场担任总指挥的"海巡01"号海事巡逻船船长姜龙，希望能从他那里获得更多救援行动的详细信息。

"海巡01"号，船长 128.6 米，型宽 16 米，型深 7.9 米，排水量 5418 吨，航速大于 20 节，续航力大于 10000 海里；船上可搭载获救人员 200 人，并设有直升机停机坪。这是我国交通系统规模最大、装备最先进、综合能力最强的海上公务执法船。它由上海海事局委托武昌船舶重工负责建造，2013 年起在管辖水域执行海事巡航、安全监管、海上人命搜寻救助等任务，维护国家海洋权益，保障船舶行驶安全。

"当时参与救助的前前后后总共有 38 艘船，当我们一到那片海域，做的第一件事情就是宣布：'海巡01'号是

"海巡 01"号船长姜龙向陈辰讲述救援情况

船长姜龙向陈辰介绍"海巡 01"号

现场指挥船，所有的现场救援船舶都要听我指挥。这样，我就能建立一个渠道，把所有的救援力量都拉到统一的行动框架中来。"姜龙向陈辰解释。

"然后，我还要对整个海域的船舶宣布，要求所有在附近的船只都要来帮忙搜寻失踪人员。当时的天气很冷，东海的水温也就是10度左右，我们必须要在第一时间去寻找、发现、救助'桑吉'轮上的32名船员。这也是我们现场救助的核心任务。"

为了更好地了解当时的情形，陈辰与姜龙一同登上了"海巡01"号。在驾驶舱里，陈辰看到了记录着当时救援情况的笔记本，从本子上密密麻麻的文字中，她更为清晰地看到了当时救援局势的危急与艰难。

2018年1月8日上午10时44分，参与救援的"东海救117"轮在海面上发现并打捞到一具落水者遗体。落水者身着浸水保温服，根据面部特征，应为"桑吉"轮上的一名船员。

根据救援队员判断，在"桑吉"轮发生撞击、爆炸时，这名船员极有可能正在驾驶舱中，因此他比其他人更快地做出了应对——穿上浸水保温服，立即跳海求生。然而，即便如此，他依然没能逃过死神的追击，没能熬到救援队伍出现的那一刻。

第一具遗体的成功打捞，对救援队员而言既是一种鼓舞，又是一种失落。一方面，救援队员明确了在这片海域实施搜救的正确性，之前的工作并不徒劳；但另一方面，如果连第一时间发现危险、快速作出应对跳海逃生的船员都无法逃过此劫，那其他船员幸存的概率显然就更小了……

更糟糕的情况还在后面。根据笔记本记载：持续燃烧着的"桑吉"轮受到海上风力变化的影响，漂移方向逐渐从东南转南，距离春晓油气田只有60海里。按这样的趋势，只要再过2天，"桑吉"轮就可能抵达春晓油气田。

春晓油气田是中国东海大陆架盆地的一个大型油气田，位于浙江宁波东南约 350 公里，探明的天然气储量达 700 亿立方米以上。"春晓油气田"是一个很大的概念，区域内有着一大片油井，南北长度达到 140 公里。如果燃烧中的油轮撞上开采过程中的任何一口油井，那将引发更大的海洋灾难。

一方面，失去动力、随风漂流的"桑吉"轮上火势猛烈、浓烟弥漫，随时可能有倾倒、沉没的危险，而此时，船上剩余的 31 名船员依然下落不明、生死未卜；另一方面，难船距离春晓油气田越来越近，再不将其控制，后果不堪设想。面对这样的危机，中国海上救援力量又是如何应对的？为此，陈辰找到了上海海事局副局长、上海海上搜救中心副主任谢群威。当时，在距离事发地数百公里外的上海海上救助中心会议室里，一场没有硝烟的战斗同样正在进行。

在谢群威的带领下，陈辰走进了海上救助中心的会议室。2018 年 1 月 7 日开始，从海难现场传输过来的视频画面持续在会议室的电视大屏幕上播放着，相关部门的领导、专家在这里坐镇，紧张、认真地讨论救援方案，与前方频繁连线，指挥现场船只开展救援工作。

根据谢群威的回忆，事情发生的 1 月 6 日 8 点 45 分，习惯早睡早起的自己刚刚关闭电视机准备休息，忽然接到了局里打来的电话。二话不说，他立刻换好衣服赶往单位，亲自指挥救援工作。

"当时我们获得的信息很简单——'桑吉'轮碰撞起火，船上有 1.6 万吨原油；另一艘船情况不明。那时我们就感觉情况很严峻，因为原油起火能在海上成功扑灭的案例很少。"谢群威说，"7 号上午，伊朗石油驻华代表拿来了这艘船的详细资料，才知道原来装的是 11.6 万吨的凝析油。考虑到凝析油燃烧后释放的巨大毒性，我们当时就判断——不把大火扑灭，救援人员的生命就非常危险。"

随即，中国海上救助中心立刻成立了"桑吉"轮救助总指挥部；交通

谢群威副局长向陈辰讲述事件经过

运输部部长李小鹏等领导陆续来到指挥部，上海市委书记李强通过电话提出了具体的指示要求；市消防局专家、中石化公司代表、市安监局代表、中国船级社专家……陆续驰援，组成救援行动专家组。

由于"桑吉"轮是一艘伊朗石油公司下属的油船，本次救援涉及外事，具备较强的敏感性。这也给救援造成了一定的困难。

"7号一早，伊朗石油公司的人就来了，情绪非常低落，压力很大，看到现场传回来的画面当场就在房间里哭了。在接下去几天里，伊朗方面针对救援工作提出了很多具体的要求，诸如移交遇难船员遗体、上'长峰水晶'号调查，甚至还派出了'敢死队'准备登船。对于他们焦急的心情，我们是相当理解的，所以我每天处理好指挥部的工作后，就要抽时间跑去和他们沟通，对他们的要求也是尽可能地满足。"谢群威说。

"救援前两天，火势大，现场风力也大，用来灭火的泡沫，风一吹全吹散了。救援船上携带的泡沫也不多，所以当时并不具备灭火条件。因此，救援任务以周边搜寻为主。为了能够尽快灭火，我们向打捞局、救助局等单位调派了400多吨泡沫，从消防局调派大批氧气面罩、氧气瓶等防护设备，陆续通过后续救援船只送去现场。"

接下去的4天里，越来越多的救援力量投入事发区域。交通运输部从山东、浙江等地调集多艘大型船舶参与救援；国家海洋局实时检测、报告事发海域环境情报；日本救援船携带泡沫紧急驰援；韩国警卫厅派出船只参与救援；美国救援飞机越过半个地球抵达现场……

终于，在各方面力量的共同努力下，"桑吉"号上的火势基本得到了控制，周边海域的风浪也逐渐减弱。大家都感到，登船救援的时机终于要到了。按照谢群威的说法："这个时间节点，机会错过了，以后可能就不能再登轮了。"

2018年1月12日，救援指挥部召开新闻发布会，正式决定派遣潜水员登船救援。这场救援大戏中最为惊心动魄的高潮即将到来。而事实上，早在两天前，上海打捞局就已经做好了登船的所有准备。

1月8日，隶属于上海打捞局的救助船"深潜"号装载着130多吨灭火泡沫抵达现场，与先期到达的德意号、德深号，以及东海救助局麾下的"东海救101""东海救117""东海救118"等救助船一起开展灭火工作。通常，东海救助局的工作侧重于人命救助，而上海打捞局则偏向于打捞沉船等财产救助。此次两家单位倾尽家底，一同上阵，这样的情况实属罕见。

1月10日，正在"深潜"号上参与灭火的上海打捞局工程船队工程监督徐军林接到上级电话，要求他组织一个搜救小组，随时做好登船搜救的准备。

"深潜"号救援船驶向"桑吉"轮

　　登上一艘随时有可能爆炸甚至沉没的船意味着什么，存在怎样的风险，他心里再清楚不过。握着电话的徐军林心里忽地闪过一丝懊悔——6日晚上离家之前，妻儿已经准备入睡，他都没来得及和他们多说几句话。

　　然而，面对上级交给的任务，徐军林没有丝毫的犹豫。很快，在他心中便列出了一个登船最佳人选的名单——徐震涛，上海打捞局工程船队潜水监督；卢平，上海打捞局工程船队潜水长；冯亚军，上海打捞局工程船队副潜水长。这三个人都是有着一二十年工作履历的老潜水员，无论在经验上还是在默契上，都是完成这项任务的最佳人选。

　　只不过，面对这种事关生死的任务，徐军林不愿采取硬性指派的方式强迫自己的同事去冒险。因此，他向"深潜"号、

"德意"号、"德深"号三艘救援船上的全体船员发布了要组建登船救援小组的信息，希望大家主动报名。看到报名名单时，徐军林眼眶一热——报名的船员有很多，徐震涛、卢平和冯亚军都在其中。

在《闪亮的名字》栏目组采访过程中，"深潜"号正好在海上执行任务。为了能在第一时间见到四位登船勇士，陈辰又一次登上"海巡01"号，在经历了7个小时的航程后，栏目组终于看到了"深潜"号的身影。

"深潜"号是中国第一艘300米饱和潜水母船，船身长125.7米，型宽25米，型深10.6米，满载排水量为15864吨。"深潜"号填补了中国大深度潜水作业支持船舶的空白，为人工潜入300米以下海底提供了可能。此外，深潜号还广泛地应用于大深度、大吨位应急打捞，大面积溢油及其他应急突发事件的快速处理，曾参与韩国世越号打捞等重大抢险打捞工程。

在"深潜"号上装有一个巨大的"摇臂"，"摇臂"上挂着一个救生吊笼，专门用于船与船之间的人员过驳水上转移。当时，四位勇士正是借助这个吊笼，从"深潜"号登上"桑吉"轮的。为了登上"深潜"号，陈辰也将体验一把吊笼登船的特别感觉。

很快，两船间的间隔缩短到了30米左右，"深潜"号上的摇臂缓缓转向"海巡01"号，将吊笼平稳地放在"海巡01"的甲板上。吊笼近看就像是一个2米多高的圆形笼子，上面是一个锅盖大小的圆顶、下面是一个圆桌大小的底座，两个圆之间用6组绳梯相连，形成一个上头小下头大的中空圆筒。

戴上安全帽、穿上救生衣，陈辰小心翼翼地踩上吊笼底盘的边缘，双手紧紧抓住绳梯，做好了升空过驳的准备。吊笼渐渐上升、转向，往"深潜"号移动。尽管心里清楚，吊笼绝对安全，可当吊笼逐渐向上升起，远离航船，在海面上空晃动的时候，陈辰脸上紧张的神色愈发明显；直到吊笼最终安全地降落在"深潜"号的甲板上时,陈辰长出了一口气,可一步踩在甲板上,才发现双腿已经有些发软了。

或许对陈辰而言,这次乘坐吊笼的经历,比任何一个游乐场的冒险项目都更加惊险刺激。然而,如此在船间的往来,对于"深潜"号上的潜水员来说,早就如同吃饭喝水一般寻常了。

看着陈辰心有余悸的样子,前来迎接的徐军林淡定地说:"今天风力才四五级,对于我们在海上跑的人来说,这已经算是风平浪静的好天气了。当时我们上'桑吉'轮救险的时候,用的也是这个吊笼。那天的海风有六到七级,海况远比现在恶劣很多。"

随即,徐军林便与陈辰聊起了当时的情形:"当时接到登船任务的时候,心里'咯噔'了一下。感觉这个事情,确实很难。但是,毕竟在船上,还是有可能有生还者存在。只有我们一线的队员登船开展搜救以后,才能最终确认上面到底还有没有幸存者。"

登船的四个人,除了冯亚军才40岁出头,其余三人都超过50岁。之所以选择几个年龄大的队友,徐军林也是做出了多方面的考量。首先考虑的,肯定是经验。"上去后有可能发生意想不到的突发情况,全靠个人的经验来处理。年轻人体能比我们好,但我们应对复杂局面的经验更丰富。"

此外,还有一个不能说破但大家心里都有数的原因。"让年轻人上,实在不忍心。我们毕竟都50岁了,万一发生意外,也算活了半辈子了。只有冯亚军年龄相对比较小,家里还有一个才5个月大的孩子,这也让我犹豫了很久。最终还是他所表现出的决心让我做了决定。"

"考虑到技术、经验、配合等各方面的问题,临出发前我们又开了一个小会。大家都毫不犹豫地表示,可以完成这个任务。而且我一看,这真的是巧合,也是必然——我们4个全是共产党员!"

在陈辰与徐军林谈话的同时,另三位登船勇士正在"深潜"号上执行

节目组乘坐吊篮登船

着常规的潜水任务。在潜水控制室，陈辰见到了正在指挥监控的潜水监督徐震涛，而另两名潜水员卢平和冯亚军正在100多米深的水下使用电焊修理管道上的漏洞。很快，完成作业的卢平和冯亚军潜上海面，回到了船上。换下潜水服，4人一同接受了陈辰的采访。

从决定人选到最终登船，中间有一天的准备时间。在这段时间里，4名登船成员制订了详细的救援方案，以确保在完成搜救的同时，4人都能安全地回来。

首先，对于在"桑吉"轮上找到生还者的可能性，4位潜水员也作了非常理性的判断。"按照船当时燃烧的状态，而且已经过了那么多天，船员生还的可能性并不大。明知如此还要执行这个任务，就是因为只要有一线希望，

陈辰走访"深潜"号

陈辰帮助船员穿潜水服

我们就要做万分的努力。"

　　凝析油燃烧会释放有毒烟雾，登船队员需要做好完备的防护措施才能保证自身的安全。然而，厚重臃肿的防化服无法在狭窄的逃生通道里通过。"我们的首要任务是搜救幸存者，所以必须对防化服进行删减。普通工作服没有防护能力，我们就给每人配备了一台气体报警器，一旦有毒或易燃易爆气体浓度超标，它就会发出警报。另外，一个压缩气瓶，正常的呼吸时间只有半个小时左右，到了差不多时候，我们听到警报声就必须赶紧撤离。"

　　此外，现场突发情况的应对也必须考虑得尽量周全。"难船甲板上到底温度多少，我们并不知道。因此很有可能，当我们通过吊笼接近难船的时候，根本下不到甲板。接下去我们怎么走路线、怎么找通道，都要提前想好。"

　　"火势从船头一点点往船尾烧，在登船过程中是否会发生燃爆，这完全是不可控的。"为了应对突发情况，"东海救117"轮停在距离"桑吉"轮最近的地方，随时准备泡沫灭火。"德深"号放下所有救生艇，潜水员穿上救生衣、备好救生圈，一旦发生爆燃，登船人员将立刻跳海逃生，小艇和救生员将第一时间把他们救起。"最极端的，假如我们身处火海下面，我们就会潜到3至5米深的海里，潜泳离开着火的区域。"

　　而正在登船前夕，冯亚军的妻子用手机给他发来了孩子们的照片。照片上，两个孩子正在安详地睡觉。"我老婆给我发消息说，你儿子刚才还问，爸爸什么时候回来。我说，怎么了。她说，想爸爸了。当时我一下子就沉默了，不知道说些什么好。回过头来想想，真是有点后怕。"面对生死抉择，冯亚军丝毫不曾犹豫，然而谈到妻儿的牵挂，这个40岁的铮铮男儿却流了眼泪。

"四勇士"向"桑吉"轮进发（场景演绎）

  2018 年 1 月 13 日早上，登船的条件终于出现。救援指挥部当即决定，立刻对"桑吉"轮实施登船救助。"深潜"号驶近"桑吉"轮，保持和"桑吉"轮漂流的同向同速，准备登船。正在登船小组准备就绪，准备登上吊笼前的一刻，徐军林突然叫住大家说："拍张合影吧！"于是，在 4 位勇士登船之前，留下了这张珍贵的合影。提及这张照片，徐军林感慨地说："要是万一发生了意外，我们也就只能留下这点东西了。"

  而后，4 人登上吊笼，在"桑吉"轮船尾左侧顺利登陆。在登船前，4 人已经感到一股扑面而来的热气，所幸当徐军林用感应计实地测试甲板温度时，得出的结果是 28 摄氏度。虽然明显高于气温，但仍在安全范围之内，满足登船救援的第一条件。

  踏上"桑吉"轮的甲板，看到船上面目全非的惨况，即便是徐军林这样经验丰富的资深潜水员仍不由得倒吸一口冷气。甲板上所有能烧的东西全部被烧光了，即便是钢铁部件也在高温下扭曲变形，蒙着一层惨烈的灰色。然而，此时的他们没有

被烧得面目全非的甲板

时间去感慨，必须尽快开展搜救工作，在 30 分钟内完成任务，安全返回！

登船后的第一个任务，是到船尾检查应急拖带缆是否完好。应急拖带装置是船舶在遭遇事故或失去动力时，用于及时将船舶拖离作业现场，以减少事故恶化程度、保护环境的重要装置。考虑到当时"桑吉"轮正在向春晓油气田方向飘移，如果拖带装置完好，便保证了能在必要时将"桑吉"轮拖离春晓油气田，避免造成更大的灾难。

登船第 6 分钟，4 人按原计划开始寻找逃生通道，检查安全舱内是否存在幸存者。在"桑吉"轮上设有防海盗安全舱，舱内有着满足船员基本生存需求的所有条件。按照伊朗方面的判断，这里是最有可能存在幸存者的地方。

　　逃生通道的出口就在离 4 人不远的后甲板上，被一个舱盖密封着。4 人合力打开舱盖，顿时一股浓烟飘了出来，随身携带的气体报警器立刻发出尖锐的声响。徐军林心中一凉——救生舱里也灌满了浓烟，没希望了。但徐军林还是坚持把舱盖完全打开，又测试了舱口的温度，45 摄氏度。

　　在这种情况下，进入逃生通道已经没有任何意义，因为其尽头的安全舱已经完全不具备生存条件。寻找幸存者的最大希望就这样无情地破灭了。随即，救援小组决定兵分两路，徐军林和徐震涛去驾驶室和生活区寻找生还者或者遇难者遗体，卢平和冯亚军去驾驶舱上方拿回"桑吉"轮的"黑匣子"。

　　登船第 12 分钟，徐军林和徐震涛沿着甲板左舷侧，走上了油轮的生活区。一走进舱门，一股热浪向两人袭来，两人赶紧用感应计测试，温度竟然高达 89 摄氏度！徐军林尝试向船舱深处走了一段，只见整个区域的玻璃窗全部被烧到融化，所

被完全烧毁的船舱

有木制品全部烧成了碳，天花板完全塌裂，整个舱室只剩下一副铁架子，连槽钢也都被烧得变了形。徐震涛心中"咯噔"一下，心想："什么都完了。"便赶紧叫徐军林撤离。

即便如此，两人仍没有放弃，而是沿着楼梯继续向上搜寻，把能够到达的舱室都检查了一遍。终于，在救生艇的艇甲板处，他们发现了两具遇难者的遗体。根据徐军林的推断，这两人极有可能是在发生撞击后，试图乘坐救生艇逃生，怎奈爆炸来得太猛、太快，两人刚要跑出生活区通道，就在打开舱门的一瞬间，便被门外上千摄氏度的熊熊烈火瞬间吞噬。

登船第 16 分钟，在徐军林的联系下，"深潜"号通过吊笼送来了两个运尸袋。在收殓遇难者的遗体时，徐军林口中喃喃地说着："兄弟，回家吧，我们来送你回家了。"这是海难事故处理过程中约定俗成的仪式，虽然遇难的外国船员听不见、听不懂，但中国搜救人员用自己的方式，表达着对生命的尊重。

而另一方面，前往驾驶舱寻找黑匣子的卢平和冯亚军也碰到了难题。

"黑匣子"最早是飞机上"飞行记录仪"的俗称，用以记录飞行员从起飞到降落期间的全部通话，以及飞行时的各种数据。随后这一设备被沿用到船舶上，记录驾驶舱内的声音、雷达及其他航海数据。

"黑匣子"的外壳由厚实的钢板和隔热防冲击抗压保护材料组成，以防止在空难、海难中遭到破坏。同样，在空难或海难发生后，只有找到"黑匣子"才能知道在飞机、船舶失事前究竟发生了什么，据此判断事故发生的原因，进而避免同类悲剧再次上演。因此，从某种意义上讲，取回"黑匣子"是本次登船救援中最重要、最实际的任务。

"桑吉"轮上的"黑匣子"，并不像它的名字那样是黑色的，而是一个橙色的金属盒子。作为潜水员，卢平和冯亚军过去接触"黑匣子"的机会并不多。为了能尽快地从驾驶舱里取下"黑匣子"，两人事先通过图片等相关资料了解了"桑吉"轮"黑匣子"的准确位置，并反复模拟练习拆卸方法。

　　登船第 18 分钟，卢平和冯亚军来到驾驶舱。然而，在他们眼前却丝毫不见任何"橙色"——整个驾驶舱都被烧成了一片焦黑。更要命的是，舱内黑色的烟雾完全遮挡了他们的视线，让他们无法找出黑匣子的准确位置。

　　幸而此时，一阵海风吹过，在原本烟雾最浓的下风口，忽然有一个黑乎乎的东西露出了"脑袋"。两人心中大喜：整个驾驶舱里的东西都被烧完了，这个唯一剩下的黑东西只可能是"黑匣子"了！

　　此时，毒烟再次覆盖了"黑匣子"所在的区域。卢平与冯亚军只能"摸黑"靠近，在完全看不清的情况下取下"黑匣子"——对于有着数十年潜水经验的资深潜水员而言，用触觉替代视觉完成作业，是他们的拿手绝活。

　　登船第 22 分钟，卢平与冯亚军成功取下船用"黑匣子"，离开驾驶舱。与此同时，徐军林和徐震涛也完成了两具遇难者

"四勇士"撤离"桑吉"轮

遗体的收殓。完成各自任务后，他们重新回到了船尾出发时的位置。在那里，"深潜"号的吊笼早已准备就绪，等待着他们的归来。

登船第 25 分钟，4 人分别将遇难者遗体及"黑匣子"放在"深潜"号吊笼的中间，准备登上吊笼，离开"桑吉"轮。就在这时，卢平身上佩戴的压缩空气瓶发出了刺耳的警报声——空气即将耗尽，必须立刻撤离！

第 26 分钟，登船小组带着"黑匣子"和两具遇难者遗体，平安返回"深潜"号。整整 26 分钟的生死救援，宣告成功！

随着吊笼平稳地落在"深潜"号的甲板上，4 人绷紧了半个多小时的神经终于放松了下来，随之而来的便是排山倒海般的疲倦与虚脱。他们径直回到休息室，直接瘫倒在沙发上。尽管已远离闷热的火场，汗水却愈发肆虐，浸湿了他们全身的衣裤。而此时的英雄们，却连换一身衣服、冲一个澡的力气都没有了。

在这场生与死的较量中，4 位勇士用完了自己所有的力量，尽到了自己最大的努力。他们的贡献受到了全世界的认可与尊重。

2018 年 1 月 13 日下午，伊朗方面的人员在获知了中方成功登船的消息后，准备派出本国人员再次登船。

1 月 14 日上午，伊方人员第一次抵达事故现场，但由于火势较大，未能再次登轮。然而，感同身受的他们对中方的救援工作给予了充分理解与高度肯定。

1 月 14 日中午 12 时 30 分，"桑吉"轮再次发生猛烈爆炸，随即船体开始下沉。下午 4 时 45 分，船身彻底消失在了大海之中，只留下一条 300 米长的浮油带在海面上燃烧。

刚刚从船上回来的 4 位勇士目睹了"桑吉"轮爆炸、燃烧、沉没的全过程。"我从'深潜'号上看去，整整 600 米长的海面上都在着火，黑烟冒到了几千米高，火最高也烧到了 1000 米。20 多年来，我们看到过那么多现场，这是最惨烈的。这么大的火，可以说全世界上都没有发生过。"直至今天，徐军林回忆起当时的情形，依然心有余悸。

随着"桑吉"轮的沉没，徐军林他们的任务算是暂告一个段落。1月6日，4个人在离家之前，谁都没有和家人提过要去执行什么样的任务。现在任务完成了，他们是否会给在家焦急守候的亲人一个交代，还是继续隐瞒？

"后来我家人给我发消息：'我在电视新闻里看到你的背影了，你今天又惊心动魄了一回？'我回答说：'看错了，我在值班。没什么大事，工程差不多了，3天后回家。'"徐震涛选择继续装糊涂，并且这个糊涂，他已经装了整整30年。"工作的事情，我不跟他们讲。讲了以后他们会提心吊胆。我们几个30年来，从来不和家里人讲工作上的事情。"

对徐震涛的话，卢平深有感触："我记得那时候，在南浦大桥下面有一个打捞任务，老徐刚从水里上来，就有个记者跑去采访他。他马上说：'记者记者，不能摄像，电视上一放，我家里就看到啦！'"一番话听得陈辰心中感触万千。

徐军林补充道："我们平时的苦和累，不和爱人说，我们的爱人也一样。家里有什么困难，我们在海上的时候，她们也不会和我们说。只有等回去的时候，她才会唠叨。这时才知道，原来在我出海的时候，家里有那么多的困难，都是她一个人解决的。"每一份伟大的工作背后，永远离不开一个温暖的家庭，一个贤内助。

看来，报喜不报忧已经成了潜水队员们与家人交流的常态。"有时候回家了，爱人会问起工作怎么样。我们就回答说，没事，大海还是蓝色的，多么好，风平浪静，海面像镜子一样，又清澈又好看……"卢平的一番话不由得让陈辰笑出了声。

"所以下一次，如果还有同样的任务，你们还是会冲在第一线？"陈辰问。

"毫不犹豫。"

"必须得上。"

"有需要我上，就一定上。能瞒住家里，就尽量瞒。有些事情，你不做其他人也要做，始终要有人做的。我能做，为什么不去做？我能做得更好，那就更应该去做。"年轻 10 岁的冯亚军，在未来会面临比三位前辈更多的危险与磨难，他的总结代表着上海每一个青年海上救援队员的决心。

"桑吉"轮沉没后，我国的海洋救援力量并没有撤退，而是继续开展了为期 7 个多月的搜救和海上清污工作，让事发海域及周边生态环境的污染状况得到了有效控制。

除此之外，此次救援行动也得到了伊朗方面的肯定和理解。他们特地向中国驻伊朗使馆发来感谢信，向中国政府和人民，特别是那些冒着巨大生命危险、竭尽全力参与救援的中方人员致以最诚挚的谢意。

"桑吉"轮的沉没已经过去了一年多，它曾经在海洋中航行的身影、曾为海洋运输事业作出的贡献，终将渐渐淡出人们的脑海。然而，在援救"桑吉"轮的过程中，那一个个不惧生死、不怕付出、尽心尽力、任劳任怨的救援英雄们，那一个个闪耀在巨大灾难背后的名字，值得我们永远铭记。

当集编剧：齐佳雯等

编辑：王嘉钰

逆行者，大爱无疆

甲板上没有世间的繁华，
没有万家灯火的温馨，
却有着惊世骇俗的风涛，
和那动人心魄的浪的交响。
潮起潮落，霞聚霞飞，
成就了征途上一段段传奇。
肩扛重任，赴死逆行。

一张甲板上的合影，背后是逐渐倾倒的"桑吉"轮，冒出滚滚浓烟。

半个多小时后，他们冒险登船。踮着脚，掐着表，一分一秒；火太猛，烟太大，生死瞬间。最终他们成功带回了"黑匣子"和两具遇难者遗体，完成了中国救捞史上的一次"完美逆行"。

就在他们登轮一天后，"桑吉"轮发生大规模燃爆，形成近 600 米的火海，直到沉没……

第一次见到这张照片，我心里不禁暗自念道"还好，还好"。我庆幸他们全都平安归来了，否则这可能真的就是他们中的某些人，甚至所有人此生最后的一张合影。这种看似云淡风轻的感觉，却有着生命不可承受之重。

由于照片拍摄时他们都戴着面罩，因此从照片上无法判断出他们的表情和当时的心情。但我相信，他们当时一定是做好了赴死的准备。他们谁都不知道，

四勇士登上"桑吉"轮之前的"最后合影"

这次出发，是否还有返回的可能。

四人中年纪最大的是现年 52 岁的潜水监督徐震涛，现任深潜号工程监督的徐军林和潜水队潜水长卢平都是 51 岁，年龄最小的副潜水长冯亚军今年也已 41 岁。这个平均年龄达到 48 岁的勇士组合里的每位成员，几乎都是身经百战。在他们眼里，这次的救援与之前的每一次行动没什么差别，可能只是稍微困难了一些，多了一些责任，多了一些来自国际舆论的压力。但无论面对什么样的挑战，他们都必须迎难而上。

对于所有的影视编剧，最精彩的故事，往往在高潮来到之前的时刻。就像我非常好奇，在登轮之前，他们做了怎样的思想斗争、艰难抉择，有没有回忆起他们前半生的荣耀或遗憾？

"桑吉"轮被烧毁的内部

但他们给我的回答，过于简单，也过于真实。"我们在登轮前的24小时，一直在讨论上船的方案，可能遇到的危险，该如何配合。梦里，也是在想每一步该走在哪里。"上船的30分钟也是如此。没有私心杂念，只有使命必达的万分专注。登轮结束后，我以为会有欢呼和掌声。可真实的场景是，所有在场参加救援的人，向遗体默哀，然后四位勇士就回到自己的船舱，瘫坐了一个小时，彼此之间一句话都没说。

没有想象中情绪的波澜壮阔，与家人的生死诀别。唯一动情的地方，是冯亚军说起他在登船前收到爱人发来的一条微信。爱人在微信中说"孩子们问你什么时候回来，想爸爸了"，随后附上了他两个孩子的照片。照片上，两个孩子并排躺在床上，冲着镜头甜笑着。

那一刻，我的心都揪在了一起。

我不禁抬头看了一眼身边的这个汉子，他显得有些不自在，忍不住抹了一下眼睛。

"还是后怕，想想万一有什么……"冯亚军说道。

相信这样的撕裂的瞬间，对他们而言早已不是第一次。他们的工作可能时刻都会遇到这样那样的危险。

而在他们的背后，家人们似乎也早已有了默契。出海期间无论家中有多大的事，都不会来打扰他们。只有他们平安回到家以后，才会知道原来在他们出海的日子，家中发生过什么大事。像是一种互相间无言的约定，只报喜，不报忧。

大爱面前，小爱更显得弥足珍贵。

唯爱永生，英雄永存

在整个《闪亮的名字》第一季的拍摄中我们看到了太多舍小爱为大爱的无私奉献：他们不是贴在墙上的模范海报，他们是活生生的人。他们是成就者，他们也是父亲，爱人，儿子，也是有七情六欲的凡人。他们之所以无私，是因为他们内心有着最深沉的爱，对事业的爱，对人的爱，对家乡土地的爱。他们每个人都在用自己的方式，为国出力，为民造福，为整个人类社会创造新的奇迹。

在做这季节目的过程中，我们反复提到一个关键词——敬畏。不仅是要求自己，也要求节目组成员、演员、嘉宾，都能沉浸在这种敬畏的情绪当中，进入到探访之旅、重现之旅。

比如拍摄英雄郭永怀之时，因为他牺牲的时间是 12 月 5 日，于是我们便决定在寒风刺骨的 12 月前往青海高原拍摄。只有在这种"身的融合"之下，"心的体验"才会得到最真实的感召，作为探访者，我才会更好地进入到情绪当中，而英雄演绎者们也会更快、更准确地进入到演绎的状态当中。

八期人物海报

向所有英雄致敬

　　只有真正融入英雄，真心实意爱每一位英雄，把每一期节目当成我们写给英雄的一封情书，才能更用心地去体会他们的一生。

　　在第一季结束的时候，我不禁为所有为这个时代付出汗水甚至生命的人，和他们背后的支持与守护者祈祷。是那么多闪亮的灵魂，用爱为我们所生活的这个时代护航，用平凡身躯扛起一次次挑战，用一年年不懈的爱，熬成了一座座伟大的丰碑。

　　日月如流，唯爱永生；时光荏苒，英雄永存。

铭记这些「闪亮的名字」

高晓虹

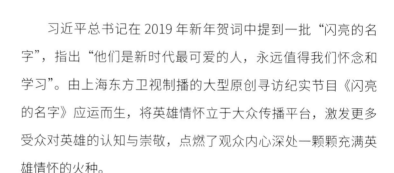

习近平总书记在 2019 年新年贺词中提到一批"闪亮的名字",指出"他们是新时代最可爱的人,永远值得我们怀念和学习"。由上海东方卫视制播的大型原创寻访纪实节目《闪亮的名字》应运而生,将英雄情怀立于大众传播平台,激发更多受众对英雄的认知与崇敬,点燃了观众内心深处一颗颗充满英雄情怀的火种。

从投身科研的科学家,到守岛卫国的共产党员,再到为国捐躯的战士……和平年代也有很多时代英雄。节目开创性地融合"走访纪实 + 影视演绎"手法,由"英雄探寻者"陈辰和影视演员担纲的"英雄演绎者"带领观众走近英雄、致敬英雄。节目深度发掘可可西里保护先驱杰桑·索南达杰、"两弹一星"元勋郭永怀、"敦煌守护者"常书鸿、复旦大学教授钟扬、"高原信使"王顺友等多位英雄人物的精神世界,用真实细节和人物独特经历背后的真情实感,打造主旋律的传播之门,打开观众的心灵之门,带领观众推开历史之门,探寻中华民族精神的时代意义与情感连接。

有希望的民族必然有英雄，有前途的国家一定有先锋。正是因为有了英雄故事，文艺创作才有动人的素材，也正因为不断涌现出讴歌英雄的文艺作品，英雄精神才焕发出更旺盛的生命力。在《闪亮的名字》中，"聚焦英雄，礼赞楷模"成为一以贯之的主题。节目与时代同频共振，讲述当代英雄的故事，既有壮志豪情与家国情怀，也诠释了何为英雄、英雄何以成为英雄。

艺术之美，源于生活，又高于生活。艺术创作的美感，源自创作者能够处理好生活真实和艺术真实的关系。比如，创作团队去大西北寻访敦煌文化守护者常书鸿的历史足迹，去大凉山区寻访邮电系统的英雄人物、"高原信使"王顺友，在寻访中提炼生活、表现生活。节目让英雄融汇于生活现实中，使其形象具有斑斓的情感色彩与醇厚的人文韵味。

节目创作以小见大，从平凡中发现伟大，在质朴中体现崇高，注重画龙点睛，讲好英雄故事。比如，在实地走访索南达杰家人时，主持人发现一封电报。索南达杰的儿子说，父亲每次进山都会把准确的时间告诉家人，但唯独那一次没有回家时间，这成了唯一一封没有归期的电报。节目捕捉到这份特殊的电报，细腻地再现了这一细节。同时，节目选取两个与之密切相关的人物：邀请他生前的战友重回牺牲地，找到盗猎者回忆当年的细节。索南达杰的战友在可可西里的现场，边回忆边感叹道，"当年我们在一起工作在一块喝酒，今天我想在这里再敬他一杯"，这是真情实感的自然流露；坐了13年监狱的盗猎者在镜头前一直表达自己的忏悔。正反对比形成强大的故事张力。

节目力求立体化展现更真实的英雄形象。比如，在讲述"两弹一星"元勋郭永怀一集中，一张全家福图片作为隐性线索侧面表现出他对妻子和女儿的深情；郭永怀给女儿买的钢琴、郭永怀夫妇注视着女儿弹钢琴的老照片等，让温暖亲情仿佛历历在目……全集的情感最高潮是他写给女儿的一封家书，信中提到"布鞋暂没有，你是否画个脚样寄来，待有了货一定买"。一个月后，因飞机失事，郭永怀再也无法完成这个承诺，成了永远的遗憾……心怀对祖国的大爱，成就了伟大的无私，更让英雄精神永存。

节目手法创新，虚实结合，结构双线并举，一条主线在当下时空，重走英雄故地，访问熟悉他的人，另一条主线是在过去时空中进行场景重现，两个时空用情节、物件和场景进行连接。演员的演绎戏剧性再现英雄闪光的瞬间，主持人的探寻和访谈引导观众深入英雄的生活、感受英雄的真谛。比如，表现刑侦专家张欣时，节目既深入到他生前的书房探访，也通过演绎，打造沉浸式观看体验。正如蒲巴甲演绎索南达杰时感慨的，"最好的表演不是精准的演绎，而是深入骨髓的'成为'"，节目设计构建起一场场跨越时空的对话，参与对话的不仅仅是创作者，更有电视机前的你我他。

《闪亮的名字》以真诚的情感和深邃的目光观察生活、深入生活、诠释英雄，在第二届"WISDOM in CHINA"（中国智造）原创模式推介会上，与其他 6 档中国原创节目联合亮相戛纳主舞台，向世界传播中国声音。节目也给未来的电视节目创作带来重要启示：要提升眼力，从更独特和多元的视角挖掘英雄故事；要提升脚力，实地采访，亲临现场；要提升脑力，生动讲好英雄故事；要提升笔力，真实表达，真情还原。未来，期待荧幕上出现更多歌唱祖国、礼赞英雄主题的电视节目，帮助青年一代树立正确的世界观、人生观、价值观，唱响主旋律的正气歌。

（作者为中国传媒大学新闻传播学部学部长、教授、博士生导师、"长江学者"特聘教授）

来源：《人民日报》2019 年 4 月 11 日

纪录片《闪亮的名字》：英雄是民族最闪亮的坐标

林玉箫　仲呈祥

　　由中共上海市委宣传部指导、东方卫视打造的文化纪实寻访类节目《闪亮的名字》于2019年年初播出。该节目创新性地采用了"寻访纪实＋明星演绎"的叙事方式，将纪实思维与审美思维相结合，真实再现了索南达杰、郭永怀、常书鸿等8位英雄的感人事迹。这些英雄涵盖社会各行各业，有为科学发展、民族复兴贡献自己宝贵生命的已逝英雄，也有为人民服务、在平凡岗位上做出不平凡成绩的在世英雄。节目透过英雄这一民族"最闪亮的坐标"探寻了中国时代发展、民族复兴的力量之源，解读了中国历史性变革所蕴藏的内在逻辑，实现了精神高度、文化内涵与艺术价值的和谐统一，起到了为时代画像、为英雄立传、为人民明德的积极作用，是电视文艺工作"培根铸魂""守正创新"的又一新鲜尝试。

　　《闪亮的名字》由寻访者与演绎者共同完成对英雄形象的塑造。寻访是人物纪实类节目的常用手法，在《闪亮的名字》中，主持人陈辰通过"重走英雄路"的形式，带着对英雄人物的崇敬展开实地寻访，透过身边人的回忆和讲述，还原英雄的成长经历、性格特征、精神品质，深刻体现英雄人物的家国情怀和赤子之心。在围绕可可西里"环保卫士"索南达杰的故事中，主持人以设问形式营造对英雄人物的悬念，通过寻访其后辈、亲人、战友等抽丝剥茧、层层解密，在对英雄人物具象化的过程中展现其环保精神、爱国精神、奋斗精神和牺牲精神。在对我国"两弹一星"著名科学家郭永怀的寻访过程中，寻访者来到当年的二二一厂，在爆轰实验留下的痕迹中体会当年繁荣"会战"的景象，了解"有人情味的科学家"郭先生当年"两个土豆一碗菜汤"的艰苦生活。这种生活化的表达方式使高大辉煌的英雄形象不再遥不可及，如同身边普通人般有血有肉、生动鲜活。

节目组每期会请一位"英雄演绎者"，通过人物扮演和场景搬演弥补历史影像资料的缺失，重现重要历史时刻下英雄人物的内心世界。如蒲巴甲扮演的藏族环保英雄索南达杰，面对藏羚羊被残忍猎杀痛心疾首，发誓要用生命给盗猎者"划个底线"；于震饰演的我国"两弹一星"元勋、著名科学家郭永怀，烧毁论文毅然回国，即使飞机失事也要用生命守护实验数据；刘奕君还原"感动中国"的马班邮递员王顺友，为了把信按时送到村民手中，受伤也要咬牙坚持。英雄们正是通过平凡人生中不平凡的抉择，以惩恶扬善、激浊扬清的风骨和维护民族独立、建设美好家园的信仰坚持自己的人生抉择，最终成了民族脊梁。

《闪亮的名字》将英雄当年的奋斗与今日收获之成果紧密联系，开辟了两个平行时空的交叉叙事。当年对着满地藏羚羊尸体哭泣的索南达杰可曾想到，20多年后可可西里再无盗猎者，设备齐全的索南达杰保护站守护着这一方净土，中国迎来了生态文明的新时代。当年倾家荡产、为敦煌文化保护工作献了青春献终身的常书鸿可曾看到，如今的千佛洞已举世闻名，科学技术让洞窟避免了风沙的侵袭，敦煌学正在中华大地上茁壮成长。见证祖国积贫积弱、以生命保护研究数据的郭永怀可曾看到，如今中国已然成为科技强国，正朝着伟大复兴的目标不断奋进。节目将寻访者的现在时空和演绎者的历史时空交替展现，以两者的对比和因果关系隐喻了英雄是时代发展、民族复兴的力量之源。

在每一期节目最后，寻访者、演绎者和受到英雄精神感召的人们都会聚在一起，对英雄表达纪念和敬意。正如节目所说，英雄所期盼的时代就是现在这个时代，英雄所畅想的社会就是现在这个社会。祖国强盛，英雄无悔，报国真情，薪火相传。《闪亮的名字》是一部用心、用情、用功，靠脚力、眼力、脑力、笔力讴歌英雄的成功之作。它告诉我们崇尚英雄就是崇尚中华民族真善美的精神高地，捍卫英雄就是捍卫中华民族历史文化的根与魂。不忘过去，继往开来，祖国是人民最坚实的依靠，英雄是民族最闪亮的坐标。

（作者林玉箫为中国传媒大学博士，仲呈祥为中国文艺评论家协会主席）

来源：《光明日报》2019 年 4 月 17 日

《闪亮的名字》：描绘新时代中国人精神图谱

吴 钧

"文学即人学"。看了东方卫视《闪亮的名字》，自然而然，想起这一句名言。因为，这部歌颂英雄的大型纪实寻访节目，焦点始终是人：从大写的"人"出发，以人之常情，寻访和演绎英雄事迹，再归结于人，提炼描绘新时代中国人的精神，最终到达和触及观众人心。如果说，在文学作品塑造英雄的较早年代，读者们是被一行行文字的力量裹挟感染，那么，在 2019 年的今天，兼具声影光色之利的电视节目，完全可以担负起用一幅幅画面"深入人心、塑造人心、振奋人心"的重大职责。显然，东方卫视坚守社会主义文艺创作的现实主义传统，奉献出了一部视野开阔、心怀深情、洞察锋利、语态温暖的人本之作。

说其视野开阔、心怀深情，如第一季全部八集的选题，纵横城乡，牵连当下，在英雄人物选择上注重精神层面的挖掘，在时空上有开阔的大格局。如果借用"采访热力图"的概念对《闪亮的名字》第一季选题进行定量分析，不难看出节目主创人员是如何"阅读与理解"当代中国和中国人的。

从大凉山木里县的马班邮路变通途，到"来自星星的孩子"

融入上海都市生活，巨大的地理跨度不需赘言，主持人寻访影像中体现的发展差距也一目了然。在乡间邮差王顺友刚刚开始工作的 1984 年，从县城到各个乡没有正规道路，大山深处就连人类学探险家也望而却步。年轻的王顺友牵马负重，艰难行走于中国地质结构最复杂、环境最恶劣的横断山脉区域。千百年来，因自然地理环境与外界隔绝的乡村，被一位身挎"中国人民邮政"制式邮包的乡村邮递员融合贯通。就在东方卫视《闪亮的名字》播出王顺友事迹的那一天，当地交通部门宣布通往各乡的柏油路主体工程全部建成，这不完全是一种巧合——改革开放激发了中国基础设施投资建设的活力，中共十八大以来，接近百分之一百的自然村都已通公路、通电、通电话。如果说，国家级、跨区域的大通道，正在改善东西部的发展阶差，那么，结合精准扶贫的村村通公路，则让基层邮递员王顺友弃马上车，乐见闭塞贫穷的山乡搭上通达致富的快速道。

"山再高，往上攀，总能登顶；路再长，走下去，定能到达。"王顺友的传邮万里，折射出一个现代国家的曲折发展历程。2500 公里外的上海，指挥家曹鹏创办城市交响乐团，为自闭症儿童拓展社交空间，也是中国现代化的另一个侧面。在很多观众心里，上海的形象是陆家嘴、新天地，是排头兵和先行者，《闪亮的名字》跟随九旬高龄的曹鹏先生，向观众展开了更真实具体的都市复杂场景。主持人走进自闭症青少年主理的咖啡馆，参加"来自星星的孩子"在商场中庭的音乐表演。其乐融融的背后，咖啡馆的选址开业，在寸土寸金的上海，经历了一波三折，而自闭症儿童加入交响乐队，遇到的困难就更复杂纠结，属于那种"不能用钱解决的"问题……经济高速发展，城镇化快速推进，精神需求何处寄托？曹鹏以耄耋之年交出的答卷，尽显一位老共产党员的担当风骨，而来自社会各界的跟随和支持，也让心怀大爱者并不孤单。写到这里，来自不同两集的画面在心中遥相呼应：无尽山路上，王顺友攀登而上，他的歌声在空谷回荡；而曹鹏先生远在上海，指尖划出的音乐，流淌在整座城市里，慰藉人心。

　　2019 年 3 月 4 日，习近平总书记在看望参加全国政协会议的文艺界社科界委员时指出，"人心是最大的政治，共识是奋进的动力。"纵观东方卫视 2019 年推出的一系列守正创新之作，无不聚焦人心，催人奋进。《闪亮的名字》第一季选择报道的英雄事迹主人公，不管身处荒漠、大海，还是都市、雪原，都汇聚在历史发展的同一道洪流中，在个体与集体、个人和国家关系的坐标点上，挺身而出，勇敢站位，经受考验，作出抉择，把自己变成勇敢者，也改变了很多人的命运：跨越整个中国现代史的三代文化人，以中华民族优秀文化赋予的执着定力，保护敦煌从动荡走向辉煌；梦想民族复兴的中国科学家，义无反顾放弃国外优渥生活，上九天展示中国力量；在经济发展和环境保护的天平上，一位县委副书记选择为后代留下一片净土，奋笔呼吁，擎枪捍卫；中国海上勇士下五洋向火而行，碧海烈焰衬托下，尽显大无畏的英雄主义……一个个闪亮名字在电视荧屏上迸现高光时刻，也照亮了国家改革前行的大时代背景。

　　如何深刻反映我们这个时代的历史巨变？如何描绘我们这个时代的精神图谱？《闪亮的名字》与《这就是中国》《大江大河》等作品一样，秉持着洞察锋利、语态温暖的创作立场。《闪亮的名字》拍摄了曾经绝密的核武器试验基地，主持人捧读主人公牺牲前的一封家书，不禁泪光婆娑；在东海海域的潜水作业船上，主持人采访参与生死救援的潜水员，手机屏幕上一段简短的家常对话，深深打动了观众。英雄未必无情者，化作春泥更护花。当主持人追随英雄诞生的人生轨迹，接近一个个平凡而又伟大的灵魂，不仅仅是被英雄们的事迹和品质所打动，而是亿万中国人共同具有的价值观，触动了所有人的内心。

　　"忠诚、勇敢、牺牲、智慧、坚毅、博爱……当我们怀着敬意，把这些人类最美好的词语，汇聚于这一个个看似普通的名字上面，就是在书写一个民族得以延续发展的故事脚本。"诚如筹拍之初，节目组内部文案所言，《闪亮的名字》第一季的整个采制播映过程，就是在描绘中国人的精神世界，淋漓尽致地张扬中国人的活法和态度，为观众徐徐展开一幅真实生动的中国画卷：中国是什么样的？这个国家如何一路走来？中国人有着怎样的面貌和心灵？中国人的精神世界被怎样的历史和现实塑造？当代中国面临怎样的挑战和机会？新时代的中国人要以怎样的精神面貌去面对？

习近平总书记寄语中国广大文艺工作者时指出："祖国是人民最坚实的依靠，英雄是民族最闪亮的坐标。歌唱祖国、礼赞英雄从来都是文艺创作的永恒主题。"作为一家有影响力、有责任感的主流媒体，东方卫视将继续"为时代画像、为时代立传、为时代明德"，在大时代的洪流中，描绘好中国人的精神图谱，堂堂正正书写《闪亮的名字》。

2019 年 3 月 5 日

后记

有人说："凡要出书，必呕心沥血"。我算是体验了一把。

在我心里，这不是一本普通的书。这本书中的每一篇文章，甚至再往前推，每期节目里的每一个片断，都是一个个伟大的灵魂对我们的感召。

从第一季研发到敲下这本书正文的最后一个字，9个月多，共计270多个日日夜夜，《闪亮的名字》第一季终于画上了一个句号。

我要特别感谢为拍摄提供支持的每一位嘉宾。他们中的许多人都年事已高，每次前访、现场寻访都不辞辛苦。他们的初衷特别简单：要让更多人听到英雄们的故事。他们的付出成为我们巨大的精神动力。

这个节目得以最终呈现，要特别感谢国家广电总局、中共上海市委宣传部和台集团领导。总策划高韵斐台长反复推敲，为节目定下现在的题目。我们的频道总监王磊卿和整个卫视领导班子，给予节目组充分的创作空间、莫大的信任和支持，让我们敢于尝试，敢于突破自我，敢于和英雄精神一起乘风破浪。也要感谢上海世纪出版集团和上海人民出版社，让这一页页文字成为可能。

特约编辑王嘉钰和所有的作者，在有限的时间里观看了节目大量的原始素材，编撰了八集书稿的文字部分。出版统筹王梓卜，担当了影像到文字的重要桥梁工作。还有每一个参与节目制作的创作人员。他们中一些是我多年的"战友"，一些是来自中广天择的优秀电视人。从节目的策划到后期执行，他们不断在推翻自己、突破自己，最后总能给我新的惊喜；执行导演们每个人都熬了N个人的夜。上高原、过雪山，一期录制下来，从城市青年变成糙汉子，甚至都顾不上胡子拉碴蓬头垢面，直接进入后期，继续工作；总撰稿吴钧对每期节目内容的核实和把控，使得整季节目都符合事实的同时也升华了我们对英雄的敬仰。

与此同时，感谢观众，在这个流量至上的娱乐年代，用遥控器投票，对这样一档纪实文化节目给予了关注和肯定。

最后也是最重要的，感恩所有的主人公们，感恩他们给我们留下的宝贵而伟大的精神财富。感恩能有这个机会真正地去走进他们，记录他们，描摹他们。

感恩所有！愿我们在创作的道路上越战越勇，愿我们得到英雄力量的永久加持。

陈　辰

附：《闪亮的名字》第一季主创名单（部分）

出　品　人：王建军　高韵斐　滕俊杰

总　策　划：高韵斐

策　　　划：袁　雷

总　监　制：王磊卿　李　逸

监　　　制：鲍晓群　王立俊

总　统　筹：曾　雄

总　协　调：傅冠军　关敬蓉　唐剑聪　程　莹　叶　景

总　导　演：陈　辰

执行总导演：陈家翔　颜屹峰　李诗竹

总　撰　稿：吴　钧

研发总监：刘芊芊

主创导演：任娉婷　陆　敏　王梓卜　戴稀金　袁雪凯　许塈莹
　　　　　　阮　妍　许　悦

编　导　组：肖　姝　王运辉　吴　垚　汤瑞元　查雨靓　齐佳雯
　　　　　　徐　炎　李　佳　杨　璟　郑晓乐　欧　慧　左周倜
　　　　　　李伟鹏　黄　潇　高　婕　魏白红　周　勇　晁晨瑶
　　　　　　莫　琼　刘　静　袁时磊　胡　佳　王　鄞　卢　程
　　　　　　刘　杨　杨圣琪　肖　桐　李雪枫

艺　统　组：王　屹　朱庆竞　裔　莎　曾明丽

宣　传　组：黄　霞　陈晓晓　霍燕妮　金　莹　丁肇晶　王　鹃
　　　　　　倪佳菲　林　晨　王舒倩　吴子昂　姚　旭　罗　凡等

摄像指导：李　为　李　威　赵　阳

后期总导演：周　阳

执行制片团队：何毅超　卢　斌等

图书在版编目(CIP)数据

闪亮的名字/陈辰主编.—上海:上海人民出版
社,2019
ISBN 978-7-208-15969-3

Ⅰ.①闪… Ⅱ.①陈… Ⅲ.①名人-访问记-中国-
现代 Ⅳ.①K820.7

中国版本图书馆 CIP 数据核字(2019)第 142988 号

责任编辑 罗 俊
封面设计 汪 昊
特约编辑 王嘉钰 王梓卜

闪亮的名字

陈 辰 主编

出　　版　上海人民出版社
　　　　　　(200001　上海福建中路 193 号)
发　　行　上海人民出版社发行中心
印　　刷　上海盛通时代印刷有限公司
开　　本　720×1000　1/16
印　　张　17.5
字　　数　229,000
版　　次　2019 年 8 月第 1 版
印　　次　2019 年 10 月第 2 次印刷
ISBN 978-7-208-15969-3/K·2871
定　　价　86.00 元